사람을 바꾸는 말의 힘

최선의 삶
손안의 문고 시리즈

사람을 바꾸는 말의 힘

유동준 지음

도서출판 최선의 삶

머리말

말의 힘이 어디까지인가? 말이 신자의 삶에 미치는 영향력을 정의하는데 적절한 단어는 어떠한 것들이 있을까? 의사소통의 기능만을 염두에 두고서, 말을 의사소통의 도구라고 정의하는 것은 온당한 정의 같아 보이지 않는다. 말이 다소곳이 의사소통의 기능만 하고 있지는 않기 때문이다.

이 원고는 말이 가진 힘을 정의하는데 있어서, 지금의 내 인생의 모습은 실은 그 동안 내가 내뱉어 왔던 말에서 결과된 것이라는 맥락에 주목하고자 한다. 말이 우리 인생의 모습을 주조하는 역할을 한다는 맥락에서 볼 때, 다시금 확인될 수 있는 진리는 말은 우리 인생의 뼈대를 형성해나가는 동인이자 동시에 우리 자신과 분리할 수 없는 전체로서 우리 삶에 어울러져 있다는 점이다.

따라서 어우러진 전체로서의 말이 가진 힘을 생각해 볼 때, 신자가 말을 바로 해야 한다는 것은 신앙생활에 있어서 아주 긴요한 한 여정이라고 할 수 있다. 나는 이 소책자를 통해서 나를 포함한 이 땅의 모든 신자들이 말을 바로 하는 것이 가지는 가치가 얼마나 중요한지에 대해서 각성하며, 결국은 그러한 각성을 통해서 신자답게 말을 바로 하는 습성을 가져야 되겠다는 인식을 갖는데 이 책이 작은 계기라도 되었으면 소원한다.

나 자신이 이 책을 쓰면서 많은 부분, 말에 대해서 다시 생각하게 되었다. 이런 생각의 기회는 전적으로 내 아내로부터 유래되었다. 이 점에 대해서 내 사랑하는 아내에게 감사드린다. 그녀를 단지 내 아내라고만 말한다면, 그녀가 이 책을 쓰는데 기여하고 보태준 사랑을 크게 낮추는 일이 될 것이다. 그만큼 그녀의 나를 돕는 역할은 보배롭고도 귀한 것이었다.
도서출판 최선의 삶 김민영 사장님께도 깊은
고마움을 전한다. 그분은 보잘 것 없는 이 소
책자의 출판을 맡아 이렇게 소담하게 만들어
주셨다.

2000.10.20
유동준

차례

제1부

말의 힘

1.1 말과 현실

　말에는 현실을 창조하는 힘이 있습니다. 이 제부터 이 점에 대해서 개괄적으로 살펴보기로 하겠습니다.

　우선 말과 연관되는 것으로서 생각에 대해서 그것이 말과 어떻게 다른 상이점을 가지고 있는 지를 먼저 보겠습니다. 결론부터 말씀드리자면, 말과 생각은, 남에게 끼치는 파장이라는 점에서 보면 서로가 아주 판이합니다. 최소한 생각은 그야말로 그냥 생각일 수가 있습니다. 어떤 감정이나 의견이나 사상을 그냥 생각 속으로만 가지고 있는 다음에야, 최소한 남에게 끼치는 파장은 생기지 않습니다.

　예를 들어봅시다. 내가 생각 속에서 A집사를 미워하고 있다고 합시다. 내 생각 속에서야 얼마든지 그 A집사를 미워하고, 그를 욕하고,

그를 음해하고 … 그럴 수 있습니다. 미워하고 욕하고 그것뿐이겠습니까? 막말로 말해서 생각 속에서야, 그 A집사를 대상으로 별별 만행을 다 저지를 수 있습니다. 그래도 그 생각만으로는 A집사와의 관계에서, 적어도 표면적으로는, 파장은 생기지 않습니다.

최소한 그 A집사가 눈치를 채기를, '아! 저 사람이 나를 생각 속에서 죽도록 미워하고 있구나' 하고 알아차리지 않는 한, 그 A집사를 미워하는 그 감정을 내가 생각 속에서만 담고 있는 한, 그것으로 인해 나와 A집사와 관계가 달라질 것이 하나도 없습니다.

더구나 생각이라는 것은 유동적입니다. 즉 내가 그 A집사를 생각 속에서 미워하다가도, 어느 순간 내 생각 속에서 그 마음을 지워버리면 그만입니다. 물론 나중에 또 A집사를 미워하는 그 생각을 복원해도 됩니다. 그래도 별 표가 안 납니다. 그래서 파장이라는 면에서 본다면, 생각은 말과 다르며 그런 면에서 생각은 역시 생각일 뿐입니다.

그러나 말은 그렇지 않습니다. 생각처럼 그렇게 지웠다 다시 복원하고, 또 지워버리고 … 이럴 수가 없습니다. 말은 그렇게 간단하지가 않습니다. 우선적으로 말이 생각과 구별되는 점은, 한번 입밖에 떨어진 말은, 그것을 도로 주어 되담을 수가 없다는 점입니다. 한번 내 입밖에 떨어진 말을 취소할 수가 없다는 점이 큰 문제입니다.

더구나 일단 내 입에서 떨어진 말은, 그것으로 인해서, 크든 작든, 그리고 심각하든 사소하든, 파장을 만듭니다. 만들어진 파장은 사람 사이의 관계에 변이를 부릅니다.

자 봅시다. 내가 A집사를 미워하고 있다는 사안을 내 생각 속에서 가지고 있었을 때와는 달리, 그 마음이 말로 표현되어 내 입에서 떨어지는 순간, 그 말은 그때부터 관계되는 사람들 사이의 관계를 부분적으로 또는 전면적으로 바꾸어 버립니다. 그래서 말에는 현실을 창조하는 힘이 있다고 하는 것입니다.

더 가공할 점은 한번 내 입에서 떨어진 말은,

① 다시 주워담을 수가 없을 뿐만 아니라, ②
돌아다닌다는 점입니다. 여기 저기 이 사람 저
사람 입으로 돌아다닌다는 데에, 말의 가공할
위력이 있습니다. 돌아다니는 것이 왜 가공할
위력을 발휘하느냐 하면, 돌아다니기만 하면
그래도 좋은데, 그 말이 돌아다니면서 여러 모
양으로 변형되기 때문입니다. 즉 최초에 내가
내 뱉은 내용이 그대로 보존되지 못하고, 그게
돌아다니는 와중에, 그 내용이 확대되기도 하
고 축소되기도 한다는 것이 문제입니다. 이게
바로 말의 가공할 위력의 시작인 셈입니다.

　이러한 돌아다니는 말 때문에―그것을 소문
이라고 부르는데―관계자들 사이에 오해가 야
기되기도 하고, 그래서 예기치 않은 여러 가지
상황이 발발하게 되는 것입니다. 이 점을 순환
식으로 정리해보면 다음과 같습니다.

　① 말이 일단 입에서 떨어집니다. →② 입에
서 떨어진 말은 되돌릴 수가 없습니다. →③
말이 여기 저기 이 사람 저 사람 돌아다닙니

다. → ④ 그 와중에 최초의 내용에서 확대되기도 하고 축소되기도 합니다. → ⑤ 그 말로 인해 여러 가지 상황들이 발발하게 됩니다. → ⑥ 관계에 변이를 가져옵니다.

이제 위의 순환식을 근거 삼아서, 실제적인 예를 하나 들어서 말이 가진 힘을 살펴보기로 하겠습니다. 자! 다음과 같은 말을 내가 했다고 합시다.

"B집사는 C여집사와 뜨거운 사이다!!"

앞에서 본 것처럼 일단 내 입에서 떨어진 이 말은 이 말이 떨어져 그들의 귀에 들어가자 마자, 이 말에 관계되어 있는 일차 관계자들 사이의 관계어 변동을 야기합니다. 여기서 일차 관계자들이란, 말하자면 ① 이 말을 한 나 ② 그리고 이 말속의 주인공인 B집사 ③ C여집사 등을 말합니다.

이들 사이의 관계가 어떻게 변동되냐 하면,

'B집사가 C여집사와 뜨거운 사이'라고 하는 이 말이 내 입에서 떨어져 그들 귀에 들어가는 순간—실제로 B집사와 C여집사와의 관계가 뜨거운 사이든 아니든 관계없이—B집사가 나에게 달려와서 '증거가 있냐!'고 따지는 것으로 시작하든, 아니면 그 말에 대한 묵비권 행사로 시작하든, 아무튼 일차 관계자들의 관계를 변동시켜 버립니다.

일차 관계자 사이에서뿐만 아닙니다. 일차 관계자를 둘러싼 이차 관계자 사이에도, 내 입에서 떨어진 말로 인한 변동은 어김없이 야기됩니다. 이차 관계자란 말하자면, 나 그리고 B집사, C여집사를 둘러싼 가족들이라고 말할 수 있습니다. 예를 들어서 B집사나 C여집사 둘 다 기혼이라고 상정할 때, B집사의 아내로서는, 자기 남편인 B집사가 C여집사와 그렇고 그런 관계라는데, 가만 있을 리가 없습니다.

흥신소사람을 고용해서 몰래 뒷조사를 하든, 어디다 하소연도 못하고 혼자서 이불을 뒤집어쓰고 끙끙대든, 아니면 교회 목사님을 찾아가서 상담을 하든, 아무튼 나의 이 말로 인해서 B집사와 그 아내 사이에 파장은 어떤 형태로든 틀림없이 야기됩니다.

이것은 C여집사쪽도 마찬가지입니다. C여집사의 남편이라고, 그 소문에 다소곳이 있을 리 없습니다. 여러 가지 변수가 있지만, 아무튼 크든 작든, 수세적으로든 공세적으로든 변동을 일으킬 것입니다. 두 집 다 자녀가 있는 경우라면 파장은 더 더욱 복잡해질 것입니다.

파장은 삼차 관계자들 사이에도 생길 것입니다. 삼차 관계자란 말하자면 일차 관계자와 이차 관계자를 둘러싼 사람들, 그러니까 같은 교회 교우라든가, 회사 동료, 학교 동창, 이웃 등등을 지칭합니다. 이들 삼차 관계자 사이에도 'B집사가 C여집사와 뜨거운 사이!' 라고 하는 나의 입에서 떨어진 말에 의한 파장은, 일차 관계자 사이에서 일어난 파장이나 이차 관계자 사이에서 일어난 그것에 못지 않을 것입니다. 막말로 말해서 여러 사람 죽을 일이 생길 지도 모릅니다.

바로 그래서 잘못된 말은 사람을 죽인다고 잠언이 경고하고 있는 것입니다. 잠언 18장 7절입니다.

"미련한 자의 입은 그의 멸망이 되고 그 입술은 그의 영혼의 그물이 되느니라"

'멸망' '영혼의 그물' —말이 사람을 죽인다는 말입니다. 결국 말과 생각과의 상이점에 관해서 어떤 정리를 할 수 있냐 하면, 내가 내 생각 속에서만, B집사와 C여집사와의 부적절한 관계를 추정하고 있는 것하고, 그것을 말로 표현해버리는 것하고는, 하늘과 땅 사이의 차이가 있다는 점으로 정리가 될 수 있습니다.

여기서 흥미로운 사실은, 입에서 일단 떨어진 말은, 그 말의 내용이 악담에 해당되는 말일수록, 멀리 퍼진다는 사실입니다. 이 점을 간략히 좀 살펴보기로 하겠습니다.

말을 그 내용에 따라 분류한다는 것은 의미는 없습니다. 그래도 논의의 편이상 분류해 보

면, 말은 그 내용별로 다음과 같이 세 가지로
나눠질 수 있습니다.

①남에 대한 험담 (부정태)
②남에 대한 험담도 아니고 덕담도 아닌 말
   (중간태)
③남에 대한 덕담 (긍정태)

그런데 내 입에서 떨어진 말이 악담일수록,
그 말과는 아무런 관계도 없는, 그러니까 삼차
관계자에도 속하지 않는 사람, 시쳇말로 말해
서 건너 마을 삼돌이에게까지도 그 말이 퍼진
다는 것입니다. 이것이 말의 위세입니다. 험담
이 가지는 위세는 퍼지는 대상뿐만 아니라, 퍼
지는 속도도 매우 빠릅니다. 악담은 어제 밤에
내 입에서 나간 말인데도, 하루 밤을 자고 나
서 보면, 삼천리를 돌고 돌아 내일 새벽이면
모든 국민이 다 알게 됩니다. 물론 우스개 소
리입니다만은, 그러나 말 또는 험담이 가진 파
장력과 속도력을 두고 한 말일 것입니다.

　성경은 말 특히 남을 정죄하고 욕하고 비난하고 트집잡고 하는 험담이 가진 이러한 파장력과 속도력에 대해서 다음과 같이 직시해주고 있습니다. 잠언 18장 8절을 봅시다.

　"남의 말하기를 좋아하는 자의 말은 별식과 같아서 뱃속 깊은 데로 내려가느니라"

　여기서 '남의 말' 이란 남에 대한 험담을 지칭합니다. 그런데 성경은 '남에 대한 말' 즉 험담이 '뱃속 깊은 데로 내려간다' 고 적고 있습니다. 그러면 '남에 대한 험담이 뱃속 깊은 데로 내려간다' 는 이 말이 과연 무슨 뜻일까요? 물론 '남에 대한 험담일수록 즐겨듣기 좋아한다' 는 의미 일 수도 있습니다. 남을 흠잡는 말이라면, 그저 듣고 또 즐겨 들으려고 하는 세태를 의미한 것일 수도 있습니다.
　그러나 '남에 대한 험담이 뱃속 깊은 데로 내려간다' 는 이 말에는 험담이 가진 파장력과 속도력을 시사하는 의미도 동시에 있습니다.

자 봅시다. 위에서 '깊은 데로' 라는 말은 히브리어 말로 '헤데르' 입니다. 이 '헤데르' 라는 히브리말이 물론 '안방' '골방' 등의 의미가 있습니다. 그리고 동시에 '멀리' '빨리' 등의 부차적 의미도 가지고 있는 단어입니다. 이 점을 감안한다면, '남에 대한 험담이 뱃속 깊은 데로 내려간다' 이 말은, 남을 정죄하고 남을 욕보고 남을 흉잡고 하는 험담이 가진 파장력과 속도력을 지칭하는 의미라고도 할 수 있는 것입니다.

남에 대한 험담이 가진 이러한 파장력과 속도력을, 시편에서는 '화살' 에 비유해서 적고 있습니다. 시편 64편 3절을 봅시다.

"저희가 칼 같이 자기 혀를 연마하며 화살 같이 독한 말로 겨누고"

남에 대한 험담이 가진 파장력이, 속도력이, 화살의 그것에 결코 뒤지지 않는다는 말씀입니다. 험담이 가진 이러한 위세에 대한 교훈은, 여기뿐이 아니라, 성경 많은 곳에서 기술되고 있는데, 특히 디모데전서는 남에 대한 험담이 가진 힘을 아주 희화적으로 교훈 해주고 있어서 인상적입니다. 디모데전서 5장 13절을 봅시다.

"또 저희가 게으름을 익혀 집집에 돌아다니고 게으를 뿐 아니라 망령된 폄론을 하며 일을 만들며 마땅히 아니할 **말**을 하나니"

'집집에 돌아다니고' 라는 구절이, '말' 이란 단어와 상징적인 대구를 이루고 있습니다. 남에 대한 험담이 가지는 파장력과 속도력은, 강, 약의 차이는 있을지라도, 강하며 일차, 이차, 삼차 … 관계자들 모두의 관계와 양상을, 부분적으로든 전체적으로든, 변동시키는 데에까지 이른다는 것을 보여주고 있습니다.

바로 이런 점을 염두에 두시면서, 다음과 같은 사안들을 점검해 보시기를 바랍니다. 다음에 열거된 사안들을 저나 여러분이 실제적인

의미에서, 개인화시켜서 점검해보는 것은 말
에 대한 앞으로의 논의를 위해 필수적인 작업
입니다. 자 봅시다.

ㄱ 지금까지의 나의 삶에서 내가 저지른 최
악의 말의 실수는 무엇이었는가를 생각해
보십시오. 그 최악의 말의 실수가 끼친 파
장(악영향)은 무엇이었으며, 그 파장 중
에서 지금까지 미치고 있는 것은 무엇인
가를 생각해보십시오.

ㄴ 다른 사람과 말할 때 나는 상대를 공격하
고 주눅들게 말을 하는 편인가 아니면 상
대를 감싸고 포용하고 상대를 북돋아주는
말을 하는 편인가를 생각해보십시오.

ㄷ 나의 말버릇 중에서 마음에 안 드는 부분은
무엇인가를 생각해보시고 고쳤으면 하는
말버릇, 고치고 싶어하는 말버릇에는 어떤
것들이 있는가를 하나씩 적어보십시오.

ㄹ 지금까지 살아오면서 남에게 받은 말의
상처 중에서 아직 치유 받지 못하고 남아

있는 말의 상처로는 무엇이 있는가를 적
어보십시오.
ⓜ 내가 하는 말은 얼마나 정확한가, 내가
말을 할 때 내가 하는 그 말이 무슨 의미
인지를 잘 알고 말하는 편인가를 생각해
보십시오.
ⓑ 나는 말할 때 누구를 기쁘게 하려고 말하
는가를 생각해보십시오.
ⓢ 내가 털어놓고 말할 수 있는 말상대로는
누가 있는가를 생각해보십시오.

위의 사안들에 대한 양상은 개인마다 다를
것입니다. 그러나 그 양상이 개인차에 따라 어
떻게 다르냐에 관계없이 논점은 말에는 현실
을 창조하는 힘이 있다―이것으로 모아질 것
입니다. 그렇습니다. 말에는 힘이 현실을 창조
하고 주조하는 위세가 있습니다. 명심하십시
다. 이제 다음 장으로 넘어가서 이 말의 힘과
위세가 우리 인생과 어떤 함수관계에 있는지
를 살펴보도록 하겠습니다.

1.2 말과 인생

앞에서 우리는 말에는 현실을 창조하는 힘이 있다는 것을 살폈습니다. 이제 여기서 생각해보려고 하는 것은, 말이 현실을 창조하는 힘이 있다면, 지금 내 인생의 모습은 어느 정도 내가 그 동안 내뱉은 말의 결과일 수 있다는 점에 대해서입니다.

말에는 현실을 창조하는 힘이 있는데, 그런데 우리의 인생이란 실은 순간순간의 현실들이 모여서 오늘이 되고, 내일이 되고, 모래가 되고 … 그래서 그게 인생이 됩니다.

그러니까 현실이 모여서 지금 내 인생이 된 것이고, 말은 그 현실을 바꾸고 변동시키는 힘이 있으니, 지금의 내 인성이 오늘 이런 양상을 띄게 된 것은, 실은 어느 정도는 그 동안 나 자신이 뱉어낸 말의 결과일 수 있다는 결론에 다다르게 되는 것입니다. 그렇습니다. 지금 내 인생의 모습은 확실히 어느 정도 내가 내뱉은 말의 결과입니다.

내 인생이 지금 뭔가 삐딱해 있다면, 그것은 어느 정도는 내가 그 동안 살아오면서 삐딱한 말만을 내뱉은 데서 열매된 결과일 수가 있습니다. 또 지금 내 인생에 실타래처럼 풀리지 않는 그 무엇이 걸려있다면, 그것은 과거에 내 말이 자꾸 내 인생을 한탄하고 불만시했던 말을 내가 줄곧 해왔던 결과에서 비롯된 것일 수 있습니다. 나의 인생이 기쁨이 없는 인생이었다면, 말을 검토해보십시오. 말에 문제가 있었을 것입니다.

"온량한 혀는 곧 생명 나무라도 패려한 혀는 마음을 상하게 하느니라" (잠 15:4).

"마음의 즐거움은 얼굴을 빛나게 하여도 마음의 근심은 심령을 상하게 하느니라" (잠 15:13).

"마음의 즐거움은 양약이라도 심령의 근심은 뼈

로 마르게 하느니라"(잠 17:22).

내 삶에 기쁨이 없다면 말이 그런 기쁨이 없는 말이었을 것이라는 게 성경의 진단입니다. 틀림없습니다. 이것이 말과 인생의 함수관계입니다. 바로 이래서 성경은 도처에서 사람이 죽고 사는 것이 말에 달렸다고, 과장법을 써서 경고하고 있는 것입니다. 잠언 18장 21절입니다.

"죽고 사는 것이 **혀의 권세에** 달렸나니 혀를 쓰기 좋아하는 자는 그 열매를 먹으리라"

두려워해야 합니다. 왜냐하면 지금의 나의 인생의 모습은, 그 모습이 어떠한 것이든, 내가 과거에 내뱉은 내 말에서 자초된 것이라는 지적이기 때문입니다. 내가 과거에 무심코 뱉어낸 말이 원인이 되어서, 지금의 내 인생이 결과되었다고 하는, 말과 내 인생과의 상관 관계를 단도직입적으로 직시해주고 있는 구절이 한두 구절이 아닙니다. 신구약에서 각각 한 군

데씩만 찾아보겠습니다.

"네 입의 **말**로 네가 얽혔으며 네 입의 **말**로 인하여 잡히게 되었느니라" (잠 6:2).

"내가 너희에게 이르노니 사람이 무슨 무익한 **말**을 하든지 심판 날에 이에 대하여 심문을 받으리니 네 **말**로 의롭다함을 받고 네 **말**로 정죄함을 받으리라" (마 12:36-37).

'말로'ー말이 원인이 되어서라는 의미입니다. 극단적인 예를 들어서 죄송합니다만, 말이 원인이 되어서 끝내는 나의 인생이 흥하게 될 수도 있고, 말이 원인이 되어서 내 인생이 망하게 될 수도 있다는 말씀입니다. 심지어 잘못된 말이 원인이 되어서 내 몸에 질병을 초래하는 일까지 있을 수 있다는 지적입니다. 인생과 관련해서 말이 가진 주조력의 일면을 여실히 보여주는 두려운, 두려워해야 할 말씀입니다.

야고보서는 이에 한걸음 더 나가서 현재의 내 인생의 모습은, 전에 내가 내뱉은 말이 원

인이 되어서 결과된 것이라고 단정하면서, 그
러한 단정을 배와 배의 키를 비유로 들어서 설
명해주고 있습니다. 야고보서 3장 2절로 5절
을 보겠습니다.

"우리가 다 실수가 많으니 만일 말에 실수가 없는
자면 곧 온전한 사람이라 능히 온 몸도 굴레 씌우
리라 우리가 **말**을 순종케 하려고 그 입에 재갈먹
여 온 몸을 어거하며 또 배를 보라 그렇게 크고
광풍에 밀려가는 것들을 지극히 작은 키로 사공
의 뜻대로 운전하나니 이와 같이 혀도 작은 지체
로되 큰 것을 자랑하도다 보라 어떻게 작은 불이
어떻게 많은 나무를 태우는가" (약 3:2—5).

위에서 브다시피 말이 뭐에 비유되고 있느냐
면, 배의 키에 비유되고 있습니다. 배가 가는
방향을 정하는 것은 전적으로 키입니다. 그렇
듯이 내 인생의 향방을 정하는 것은 내가 하는
말이라는 뜻입니다. 그러니까 내 말로 인해 내
인생이 흥왕될 수도 있고, 내 말로 인해 내 인

생이 쇠락해질 수 있다는 말씀입니다.

논점은 이것입니다. 지금 내 인생의 모습은, 어느 정도는 과거에 내가 내뱉어낸 내 말의 결과일 수 있다는 데에 유의해야 합니다. 두려워해야 합니다. 내가 무심코 내 뱉었던, 의지적으로 말했던, 감정이 나서 말했던, 하여튼 내가 말한 내 말에 의해서 내 지금의 인생의 모습이 어느 정도 주조된 것이라는 데에, 초미의 신경을 기울여야 합니다.

그렇습니다. 내가 하는 말, 내가 해왔던 말, 내가 할 말은, 내 인생과 무관한 것이 아닙니다. 그러기에 말을 조심하고, 바른 말을 쓰기에 유의해야 하는 것은 신자의 중요한 사역입니다.

이제 다음의 제 2부에서는 이런 측면에서 신자로서 할말은 무엇이고, 하지 말아야 할 말은 무엇인지를 대표적으로 아홉 가지씩만 들어서 살펴보기로 하겠습니다.

제 2부
할 말과 하지 말아야 할 말

2.1 할 말

인정해 주는 말

사람은 인정받기를 원합니다. 사람이 다른 사람으로부터 인정받기 원하는 마음은 거의 본능에 가까울 정도로 집요합니다. 인정받기 위해서라면 자신을 죽음에 던지는 일도 있을 정도로 인정을 받기를 원합니다.

특히 사람은 자기와 '상대 관계'에 있는 사람에게서부터 인정받기를 갈망합니다. '상대 관계'라! 사회학적 용어입니다만, 간단히 말해서 '짝'을 '상대 관계'라고 말합니다.

아내의 '짝'은 누구겠습니까? 남편입니다. 그래서 아내는 그 누구보다도 자기와 '상대 관계'에 있는 남편에게서 인정받기를 원합니다. 그러면 자녀에게는 누가 '짝'이겠습니까? 부모입니다. 종업원에게는요! 고용주가 '짝'입니다. 그러면 목사의 '짝'은요! 교인입니다. 교인의 '짝'은요! 목사입니다.

사람은 이렇게 '상대 관계'에 있는 '짝'에게 우선적으로 인정받기를 원합니다. 그게 사람입니다. 그래서 사람은 다른 사람에게 인정 못 받는 것은 그래도 넘어가지만, 자기와 '상대 관계'에 있는 '짝'에게 자기가 인정을 못 받고 있다 싶으면, 사람은 비참함을 느낍니다. 처절합니다.

남자가 사업도 잘 되고, 세상적으로도 그만하면 성취를 이루었고, 또 자식들도 잘들 공부하고 그러는데도, 남자가 자기 '짝'인 아내한테 인정을 못 받고 산다 싶으면, 그는 매일 죽을 맛을 느끼고 사는 것입니다. 그토록 사람을 인정해주는 말은 사람에게 있어서 중요합니다.

하나님께는 이 부분을 비유적으로 설명해주고 계십니다. 여러분! 하나님께 '짝'은 누구이겠습니까? 거듭난 여러분과 저입니다. 세상적으로 표현할 수밖에 없는 문제이지만, 그러면 속된 말로 해서, 하나님께서 누구에게 인정받으시고 싶으시겠습니까? '짝'인 우리에게 인정받기를 그토록 원하고 계십니다. 잠언 3장 6절입니다.

"너는 범사에 그를 인정하라 그리하면 네 길을 지도하시리라"

분명하지 않습니까? 하나님을 인정해드려보세요! 놀라운 일이 일어납니다. 하나님께서도 우리에게 인정받으시면 그렇게도 좋아하십니다.

마찬가지입니다. 그러므로 남을 인정해주는 말을 하는데 인색하지 마십시오. 진심으로 인정해 주십시오. 아첨하라는 말이 아닙니다. 노상 사흘 굶은 시어머니 마냥 찡그리고 다니지 말고, '짝'에게서 인정해 줄만한 점을 열심히 찾아보십시오. 그러면 인정해줄 만한 점이 반드시 나옵니다. 그것을 마음껏 인정해주십시오.

다시 말씀드립니다. 안 찾으려고 그래서 그렇지, 찾아보건 '짝'에게서 인정해줄 만한 점은 아주 많습니다. 열심히 찾아보세요. 인정해 줄만한 점을 찾아서 그것을 인정해주고, 인정해주는 말을 진정으로 하십시오. 인정받는 말에 굶주려 있는 이 시대에 인정해주는 말을 진심으로 하며 사는 것!—이것은 사람을 활기차게 만들며, 생기 돌게 만듭니다. 성경이 그렇다고 보증하고 있습니다. 잠언입니다.

"마음이 지혜로운 자가 명철하다 일컬음을 받고 입이 선한 자가 남의 학식을 더하게 하느니라… 지혜로운 자의 마음은 그 입을 슬기롭게 하고 또 그 입술에 지식을 더하느니라 선한 말은 꿀송이 같아서 마음에 달고 뼈에 양약이 되느니라" (잠 16:21, 23—24).

'선한 말'—히브리말로 '노암' 입니다. '즐거운' 이라는 뜻도 있습니다만, 그러나 '인정해주는' 이란 뜻도 있습니다. 그러니까 '선한 말' 에는 말하자면, '인정해주는 말' 의 의미도 있습니다. 그러면 봅시다. '선한 말' 이 사람을 어떻게 만든다고 했습니까? '마음에 달고' ―
인정해주는 말을 들으면, 그 말로 인해 그 말
을 듣는 사람 마음에 자신감이 생긴다는 말입
니다.

남을 인정해주는 말―사람의 마음을 사로잡
는 비결입니다.

체면을 세워주는 말

체면이 깎인다는 것은 '공개성'을 전제로 한
말입니다. 혼자 있는 데서야 체면이 깎이고 말
것이 없습니다. 사람이 자존심과 자격지심과
자아에 상처를 입는 것은 공개적 공간에서입
니다.

그런데 사람이 공개적인 공간에서 자아에 상
처를 입으면, 그 순간 마음이 경직되어 버립니
다. 그러므로 아무리 그 사람이 큰 실수를 했
다하더라도 사람들 앞에서, 사람들이 보는 앞
에서, 대놓고 그 사람을 윽박지르지 마십시오.

아이라 할지라도 마찬가지입니다. 그 아이가
아무리 심한 잘못을 저질렀다하더라도 친구들

앞에서, 친구 부모 앞에서, 그 아이를 꾸짖는 말은 삼가십시오. 부부사이도 마찬가지입니다. 남편이, 아내가 아무리 허물을 범했더라도 사람들 보는 앞에서, 자녀들 앞에서, 시집식구들 보는 앞에서 자존심에 상처를 내고 마음에 생채기를 내는 말을 삼가십시오.

체면을 세워주는 말을 하십시오. 체면을 세워주는 말은 상대를 살리는 역할을 합니다. 체면을 살려주는 말은 곤궁한 처지에 빠진 상대를 돕는 역할도 합니다. 그래서 성경은 곤핍한 사람 곧 곤란한 처지에 빠진 사람을 위기에서 건져주는 역할을 하는, 체면을 살려주는 말에 대해서 다음과 같이 교훈하고 있습니다. 이사야서 50장 4절입니다.

"주 여호와께서 학자의 혀를 내게 주사 나로 곤핍한 자를 말로 어떻게 도와줄 줄을 알게 하시고 아침마다 깨우치시되 나의 귀를 깨우치사 학자 같이 알아듣게 하시도다"

그러므로 사람들 앞에서 누구를 무안줄 생각은 아예 마십시오. 사람들 앞에서 무안을 당하게 되면 그 사람은 마음 문을 닫아버립니다. 마음이 닫혀졌는데 말을 할 사람은-무슨 말이라도-없습니다. 잠잠코 있을밖에 없습니다. 그런데 그것을 눈치채고 그 사람을 배려해야 하는데, 무안 당해서 아무 말도 못하고 있는 사람한테, 어른이 말하는데 말대꾸도 안 한다느니! 어디서 배워먹은 버르장머리니! 하고 상대를 호통치고 몰아세우는 것은, 찢어진 상처에 고춧가루 뿌리는 것보다 잔혹한 일입니다.

논점은 이것입니다. 사람이 아무리 잘못을 했다하더라도 그것으로 사람들 앞에서 그 사람을 위축시키고, 사람을 닦달하고, 사람을 몰아세우고, 사람을 묵사발 만들고 하는 그런 말을 삼가십시오.

가능하면 사람의 체면을 세워주는 말을 하십시오. 그게 사람을 살리는 일입니다.

칭찬하는 말

칭찬하는 말은 사람을 움직입니다. 확실합니다. 사람을 움직이게 합니다. 아이들을 예로 들어서 봅시다. 아이들이란 게, 원래부터가 일만 저지르고 다니는 존재들입니다. 그게 아이들입니다. 그러니까 아이이겠구요!

그런데 아이들이 매일 일이나 저지르고 다닌다고 해서 부모가 쫓아다니면서 야단을 치고, 매를 들고 그러는 부모가 많은데 그런 방법으로는 아이들을 고쳐나갈 수가 없습니다.

물론 야단칠 때야, 따끔하게 야단을 치고, 매를 들 때도 확실하게 매를 들어야 하겠지만, 그러나 일을 저지르고 다닐 때마다 야단치고, 매를 들고 해서는 효력이 없습니다.

그 대신에 아이를 칭찬해주는 말을 해보십시오. 아이가 돌변합니다. 좋은 쪽으로 움직입니다. 다른 사람 아들딸들은 몰라도 내 자식은 도무지 칭찬 할 것이 없다고요? 아닙니다. 찾아보십시오. 찾아보시면 아이가 칭찬 받을 만한 행동을 하는 게 한 두 가지라도 꼭 있습니다. 그럴 때 놓치지 말고 아이에게 칭찬하는 말을 하십시오. 마음을 실어서 진심으로 그 점을 칭찬을 하면 아이가 변하기 시작합니다. 움직이기 시작합니다.

왜냐하면 한번 부모에게 칭찬의 말을 들은 아이는, 부모로부터 계속적으로 칭찬 받으려고 하는 욕구 때문에 기를 쓰고라도 좋은 행동을 하려고 하기 때문입니다. 바로 이것입니다. 이러면서 점점 아이가 잘못을 고쳐 가는 것입니다. 이게 바로 칭찬하는 말의 힘입니다. 칭찬하는 말이 가진 이러한 힘은 다른 모든 인간관계에도 동일하게 적용됩니다.

다시 말씀드립니다. 진심에서 나오는 칭찬―입에 발린 칭찬 말고, 관용적으로 내뱉는 의례적인 칭찬 말고―마음에서 나오는 한 마디의 칭찬의 말은 사람을 분명히 변화시킵니다. 칭찬 한마디로 사람의 인생과 장래를 바꿀 수도 있습니다. 왜 그렇게 되느냐고요?

① 사람은 누구나 칭찬에 굶주려 있습니다. →
② 이때 누가 진심으로 칭찬을 해줍니다. → ③

칭찬 받은 사람은 그 칭찬을 계속 받기 위해서 칭찬 받을 일을 하려고 애를 씁니다. → ④ 칭찬 받으려고 칭찬 받을 일을 찾는 외중에 사람이 잠재적인 능력까지 개발됩니다.

논점은 이것입니다. 칭찬하는 말을 해주십시오. 사람을 자라게 하는 첩경입니다.

이름을 불러주는 말

사람은 누구나 이름을 남기고 싶어합니다. 자기 이름을 남기고 싶어하는 것은 어린 아이 할 것 없이 공통된 욕구입니다. 그런데 사람의 이름을 불러준다는 것은 사람의 그러한 욕구에 부합하는 일입니다.

왜 그러느냐면, 자 봅시다. 어떤 사람이름이 y라고 합시다. 세상에 많은 사람이 있지만, y라는 이름을 가진 사람은 없을 것입니다. 물론 어떤 경우에는 같은 이름을 가질 수 있겠죠! 그러나 보통의 경우를 상정해보는 것입니다. y라는 이름은 그에게, 그 사람에게만 고유한 것입니다. 그러기 때문에 그 사람의 이름은 바로 그 사람입니다. 즉 그 사람에게만 붙여져 있는 그 이름을 불러준다는 것은, 그를 고유한 사람으로 대접해주고 인정해준다는 의미를 가지고 있습니다.

그런데 누가 자기를 존중해주고 대접해준다 생각되면 사람은 자기를 그렇게 존중해주고 대접해주는 사람을 따르게 되어 있습니다. 그러니 그 사람과의 인간관계는 반은 성공하고 들어간 거나 진배없습니다. 이름을 자주 불러주십시오. 이름을 불러주며 말하십시오.

그런데 이름을 불러 주면서 말하려면 사람 이름을 외우고 있어야 합니다. 그렇습니다. 사람 이름을 외워두십시오. 잠시 만난 사람이라도 이름을 외워두십시오. 할 수만 있으면 그 사람뿐만 아니라 그 사람의 가족들 이름까지도 알아두십시오. 그리고 기회가 될 때마다, 그 사람의 이름을 불러주십시오.

겸손한 말

겸손한 말이란 자기를 비하시키고, 자신을

낮추는 말이 아닙니다. 무조건 자기를 낮추는 말이 아니라는 말입니다.

그러면 겸손한 말이란 무엇이냐? 겸손한 말이란 내가 모든 것을 다 알지 못한다는 것을 인정하는 바탕 하에 말을 하는 것을 말합니다. 내가 모르는 것이 많다는 것을 인정하는 그 기반 위에서 말을 하는 것을 겸손한 말이라고 그러는 것입니다.

'나는 모든 일에 모범된 사람이고, 그래서 나는 실수도 허물도 없는 완벽한 사람이고, 따라서 나는 항상 옳은 사람이고, 내가 생각하고 판단하고 행동하는 것은 항상 옳고 합리적이다' —사람이 이래서는 대화가 안됩니다. 될 일도 안 됩니다.

이런 생각을 지워버리고, 나도 허물이 많은 사람이고, 나도 허점이 펑펑 뚫려있는 사람이고, 나도 틀린 구석이 많은 사람이라는 것을 인정하는 것 그리고 기반 위에서 말하는 것— 이게 바로 겸손의 말입니다.

그러므로 혹 누구를 야단을 칠 일이 있거나,

누구한테 그가 저지른 잘못을 충고를 하고 권
면을 해줄 일이 있어도, 그 충고나 권면이 제
대로 먹혀 들어가게 하려면, 먼저 '충고하고
권면하는 나 자신도 실수가 많고, 허물이 중하
고, 잘못 투성이인 사람이다' 는 전제를 미리
깔아놓고, 그 기반 위에서 충고를 해도 해야
합니다. 그래야 상대가 마음을 엽니다.

그렇지 않고, 나는 항상 옳고, 나는 허물도
없고, 나는 잘못도 없는 사람인데, 너는 왜 사
람이 그 모양이냐 하는 식으로 대하는 것은,
교만이고 오만입니다. 교만과 오만을 밑에 깔
고, 사람을 대해서는, 설혹 그 충고가 아무리
정당한 충고라고 할지라도, 그 사람에게 받아
들여지지는 않습니다. 아니 받아들여질 수가
없습니다.

바로 이 때문에 성경은 교만하고 오만한 자
세를 바탕으로 나오는 말의 폐해를, 다음과 같
이 교훈 해주고 있습니다.

"심히 교만한 말을 다시 하지 말 것이며 오만한

말을 너희 입에서 내지 말찌어다 여호와는 지식의 하나님 이시라 행동을 달아보시느니라"(삼상 2:3).

"교만하고 완악한 말로 무례히 의인을 치는 거짓 입술로 벙어리 되게 하소서"(시 31:18).

분명하지 않습니까? 그러므로 말을 할 때, 특별히 누구에게 충고하고 권면할 때, 나도 잘못이 많고, 부족한 사람이라는 것을 전제로 하고, 말을 하십시오. 겸손의 말은 사람을 살립니다.

미소지으며 하는 말

미소지으며 말하십시오. 누구를 만나든, 이 사람에게 내가 조금이라도 도와줄 일이 무엇이 있겠는가? 나로 하여금 이 사람을 돕는 자리에 놓아주신 하나님께 감사하며, 미소지으며 말하십시오.

반대의 경우도 마찬가지입니다. 지하철 매표원이든, 시장 좌판대 아줌마든, 구청민원실

직원이든, 택시운전기사든, 교회 목사든 그 누구를 만나든, 이 사람이 나를 도와주려고 여기서 이 수고를 다 하고 있구나 하는 생각을 가지고, 그 사람에게 미소를 지으며 말하십시오.

미소지으며 하는 말이 가지는 위력 중에 하나는 상대의 마음을 열게 한다는 점에 있습니다. 그렇습니다. 미소 지으며 하는 말은 상대를 감화시키는 뛰어난 힘을 가지고 있습니다. 그래서 미소는 안 되는 일도 되게 합니다.

그러므로 미소지으며 말하십시오. 지금부터라도 미소를 지으며 말하는 연습을 하십시오. 거울을 보고 하십시오. 마음은 안 그런데 미소만 짓는다는 것은 우선이 아니냐고!—아닙니다. 위선이 아닙니다. 처음부터 사람이 미소가 안 나오는 법입니다. 마음이 안 움직여도, 미소 지으며 말하는 연습을 하다가, 그러다가 마음까지도 그 사람에게 미소하게 되는 것입니다.

논점은 이것입니다. 누구를 만나든 미소를 지으며 말하십시오. 상 찡그리지 마십시오. 정성을 다해 미소를 지으며 말하십시오. 그러면 오랜 시간이 자나지 않아, 인생의 성공이 넝쿨째 굴러 들어오는 것을 보실 수 있을 것입니다.

잘못을 시인하는 말

내가 비난받을 만한 일을 했다—이렇게 판단되면 바로 잘못을 시인하시는 것이 좋습니다. 해야 할 시인을 안 하려고 얼버무리고 그냥 지나가 버리면 그 당시는 괜찮겠지만, 그게 나중에 화근이 되어서 되돌아오게 됩니다.

입장을 바꿔놓고 생각해보십시오. 누가 잘못을 저질렀다고 합시다. 말로는 안 그러더라도 생각으로야, 한번쯤 그를 비난하고, 욕하고, 흉보고 … 나도 그럴 것입니다. 마찬가지입니다.

내가 잘못을 저질렀을 때도, 사람들이 나에 대해서 대놓고 삿대질하는 일까지야 없다 하더라도, 그들이 생각 속에서 스쳐 가는 생각으로라도, 나를 비난하고, 욕하고, 흉보고 그럴 것은 명약관화한 일입니다.

그렇다면 결국 내가 잘못한 것을 시인한다는 것은, 그렇지 않았을 경우 남들로부터 받을 비난과 욕과 곤욕을 상당 부분 차단시켜주는 역할을 한다는 것을 알아야 합니다. 그래서 성경은 잘못을 시인하는 말을, '때에 맞는 말'이라는 표현까지 써가면서, 잘못을 시인하는 게, 얼마나 시의적절한 역할을 하는지를 교훈하고 있습니다. 잠언 15장 23절입니다.

"사람은 그 입의 대답으로 말미암아 기쁨을 얻나니 때에 맞은 **말**이 얼마나 아름다운고"

잘못을 시인하는 말! 머뭇거리지 마십시오. 머뭇거릴 필요가 없습니다. 내 잘못이다! 싶을 때는 다음의 두 가지 원칙을 지켜서 잘못을 시인하셔야 합니다.

① 가능한 신속하게
② 가능한 정확하게

내가 잘못을 한 것이 명백한 데도, 그것을 호도하고, 합리화하고, 별별 궤변으로 정당화하고 … 그러면 일만 더 꼬입니다. 그러나 솔직히 잘못을 인정하고 시인하면, 오히려 사람이 돋보이게 되며, 그것으로 인해서 일들이 더 잘 풀리게 될 수도 있습니다. 물론 잘못을 시인하는데 용기가 필요한 것은 사실입니다만, 잘못을 솔직하게 시인하는 말을 한 것에 따라 뒤따라 올 보상에 비하면, 그 정도의 용기는 내야 합니다.

논점은 이것입니다. 내가 잘못한 것이라면, 그 잘못을 시인하는 것—이것이 상대와의 관계를 부드럽게 만듭니다.

남을 배려하는 말

나만 말하려고 하지 마십시오. 말을 적게 하십시오. 말을 적게 하는 것은, 나의 무지와 나의 실수를 극소화하는 유익이 있습니다. 잠언서를 봅시다.

"의인의 입은 생명의 샘이라도 악인의 입은 독을
머금었느니라 … 말이 많으면 허물을 면키 어려
우나 그 입술을 제어하는 자는 지혜가 있느니라
… 의인의 입은 지혜를 내어도 패역한 혀는 베임
을 당할 것이니라 의인의 입술은 기쁘게 할 것을
알거늘 악인의 입은 패역을 말하느니라"(잠
10:11,19 31−32).

분명하지 않습니까? 나만 말하고, 나만이 대
화의 주도권을 쥐어야 하고 … 이런 자세에서
벗어나서, 남도 이야기하게 하십시오. 아니 남
이 나보다 더 많이 이야기하게 하십시오. 남을
더 많이 이야기하게 하는 사람—이런 사람은
뭘해도 성공할 수 있는 사람입니다.

우리는 자꾸 우리만 말하기를 좋아하고, 우
리만 주도권을 쥐고 이야기하기를 원하는데,
그러다 보니 남들은 우리말을 들어주는 사람
으로밖에 처우를 안 하게 되고, 그게 행동으로
까지 비화되어서, 문제가 생기는 것입니다.

거꾸로 좀 생각을 해보셔야 합니다. 남들도

나만큼이나 이야기를 하고 싶어하는 사람이 있습니다. 실은 남들이 그 문제에 대해서 나보다 더 많이 알고 있는 사람이 있습니다. 이 점들을 마음에 두고, 자꾸 나만 이야기하려고 하지 말고, 남들에게도 질문을 던지고, 남들도 이야기 속으로 끌어들이고 해서, 하여튼 남들이 더 많이 이야기하도록, 배려를 해야 합니다.

물론 상대가 되지도 않는 이야기를 하는 것을 들으면, 이치에도 안 맞는 이야기고, 그래서 듣노라면 화딱지도 나고 … 뭐 이럴 수 있겠지만, 그러나 그럴수록 남의 말을 진중하게 들어주는 자세를 가져야 합니다. 그들이 아! 이 사람이 내 이야기를 아주 진지하게 들어주고 있구나 하고 생각하게끔까지, 끈기를 가지고 남의 얘기를 들어주어야 합니다.

이것은 부부간에도, 부모자식간에도 동일하게 적용되는 원리입니다. 남편에게, 아내에게 일방적으로 말하지 마십시오. 자녀의 말은 하나도 듣지 않고, 아니 들어보려고도 않고 무조건 부모 말을 들으라는 식으로 나가는 것—이

것은 큰 독선입니다. 신자는 그러시면 안됩니다.

논점은 이것입니다. 다그치지 말고, 윽박지르지 말고, 주눅들게 하지 말고, 다른 사람들에게도 말할 기회를 주고, 그 말을 진지하게 들어주고, 그럼으로써 자녀들이 아내들이 나에게 흉금을 터놓고 가슴에 있는 말없는 말까지 다 털어놓을 수 있는 상대로 여기도록 해야 합니다.

남들이 우리보다 더 많이 말하게 해줌으로써, 그리고 남들을 더 많이 말하게 말하도록 분위기를 배려함으로써, 우리는 사람들을 다룰 수 있는 성공적인 인간관계의 문으로 한 걸음 더 들어갈 수 있는 것입니다.

힘을 북돋아주는 말

할 수만 있으면, 힘을 북돋아주는 말을 많이 하십시오. 누구를 만나든, 그 사람이 오랜 동안 만나왔던 사람이든, 오늘 잠시 알게 된 사람이든, 하여튼 그 사람의 입장이 되어서, 그 사람의 입장에 서서, 그 사람의 장래에 꿈을 갖게 하는 말, 그 사람이 자신의 미래의 일에, 인생에 기대를 갖게 하는 말을 하려고 애를 쓰십시오.

그래서 나를 만나는 그 사람으로 하여금, 그가 나의 말을 통해서, 자신의 앞날에 대해서 꿈을 갖게 하고, 그 꿈을 위해서 자신을 투자하게 하고, 그 꿈의 성취를 위해서 현재의 희생을 감수하게 만드는 그런 꿈을 불러일으키는 말을, 만나는 사람에게 하도록 애를 쓰십시오. 사람에게 꿈을 갖게 하고 기대를 갖게 하는 것—이것은 하나님께서도 하시는 일입니다. 빌립보서 2장 13절입니다.

"너희 안에서 행하시는 이는 하나님이시니 자기의 기쁘신 뜻을 위하여 너희로 **소원**을 두고 행하게 하시나니"

'소원'—헬라말로 '델로'입니다. '꿈'을 말합니다. '기대'를 말합니다. 하나님께서도 우리에게 던져 꿈을 주시고, 기대를 갖게 하시고, 힘을 북돋아주십니다.

누가 여러분을 만났는데, 여러분을 만난 그 사람이 여러분이 하는 말 때문에, 기가 죽고, 주눅 들고, 낙담하게 하고 … 이런 사람은 되지 마십시오. 그래서는 안됩니다. 신자는 마땅히 남을 북돋아 주는 말을 하도록 해야 합니다. 처져 있는 사람에게 희망을 갖게 하고, 기대를 갖게 하는 말―이게 사람을 살리는 말입니다.

성경은 이렇게 사람으로 그 장래에 꿈을 갖도록 생기를 불어주는 말을 '경우에 맞는 말'이라고 하고 있습니다. 잠언 25장 11절입니다.

"경우에 합당한 말은 아로새긴 은쟁반에 금사과니라"(잠 25:11).

논점은 이것입니다. 실의에 젖은 사람이 여러분을 만나서 활기를 얻고, 기대를 갖고, 장래에 비전을 얻게 되는 그런 말을 하는 사람이

되십시오. 많이 기도하시고, 그런 사람이 되도
록 애쓰십시오.

2.2 하지 말아야 할 말

비판하는 말

남을 비판하는 말을 하지 마십시오. 비판하는 말은 할 생각도 마십시오. 비판하는 말이 나오거든, 입을 틀어막으십시오. 비판하는 말은, 아무리 그 말이 옳은 말이라도 상대가 받지를 않습니다. 그게 인간입니다. 그 사람만 그런 것이 아니라, 우리도 그런 사람이라는 것을 생각해야 합니다. 우리도 누가 나를 비판하면 그 즉시로 마음을 닫아 버리는 사람이라는 것을 감안해야 합니다.

사람이 남이 비판하고, 지적해주는 고언을 들을 줄 아는 그런 족속들이었다면, 예수님까지 오시지 않으셔도 되었을 것입니다. 그러나 인간은 너나 나나 할 것없이 그렇게 나이스한 존재들이 아닙니다. 사람은 비판의 말을 들으

면 일단 그것으로 분개하고, 악감을 품고, 복
수할 마음을 갖고 … 이러는 존재들입니다. 그
래서 성경이 그토록 비판의 말을 삼가라고 우
리에게 교훈하고 있는 것입니다. 야고보서 4
장 11절을 봅시다.

"형제들아 피차에 비방하지 말라 형제를 비방하
는 자나 형제를 판단하는 자는 곧 율법을 비방하
고 율법을 판단하는 것이라 네가 만일 율법을 판
단하면 율법의 준행자가 아니요 재판자로다"

분명하지 않습니까? 중요한 점이어서 다시
말씀드립니다. 입장을 한번 바꿔 놓고 생각해
보면, 이 점은 자명해집니다. 여러분이 뭘했는
데, 누가 여러분이 한 그것에 대해서, 누가 여
러분을 비난하고, 비방하고, 폄하하고 그러면
여러분이 그 말을 듣겠습니까? 안 듣습니다.
듣기는커녕 오히려 '그러는 너는 얼마나 잘났
기에 나한테 충고냐!' 하는 식의 반발이 올라
옵니다. 상대에 대해서 방어적인 자세를 취하

게 되고, 심한 경우는 그에 대해서 원한을 품어 버리게 됩니다.

그래서 성경은 사람을 비방하고 비난하는 말은 반드시 상대를 격발시킨다고 교훈하고 있는 것입니다. 잠언 15장 1절입니다.

"유순한 대답은 분노를 쉬게 하여도 과격한 **말은** 노를 격동하느니라"

분명하지 않습니까? 남을 비판하는 말은 그의 마음을 같아 버리게 만듭니다. 그래서 지적된 사안을 고치기는커녕, 자신이 한 일을 오히려 합리화하는데 급급하게 만들어 버립니다. 그래서는 될 것도 안됩니다.

그러므로 누구한테 비난이 나오려고 하면, 입을 막으십시오. 하나님께서도 주의 날까지는 악인에 대한 심판을 유보하고 계십니다. 비난의 말을 마십시오. 우리들이 지금 천사들과 살고 있는 게 아닙니다. 세상에 선남 선녀만 살고 있는 게 아닙니다. 부족하고, 허물 많고,

삐치기 잘하고, 자기 중심적이고 그런 사람들과 살고 있습니다.

비난하는 말 마십시오. 비난의 말을 할 생각도 마십시오. 다음의 하나님의 말씀으로 비난의 말이 나오려고 하면 여러분의 말을 막으십시오.

"그러므로 모든 악독과 모든 궤휼과 외식과 시기와 모든 비방하는 말을 버리고" (벧전 2:1).

"비판을 받지 아니하려거든 비판하지 말라 너희의 비판하는 그 비판으로 너희가 비판을 받을 것이요 너희의 헤아리는 그 헤아림으로 너희가 헤아림을 받을 것이니라 어찌하여 형제의 눈 속에 있는 티는 보고 네 눈 속에 있는 들보는 깨닫지 못하느냐 보라 네 눈 속에 들보가 있는데 어찌하여 형제에게 말하기를 나로 네 눈 속에 있는 티를 빼게 하라 하겠느냐 외식하는 자여 먼저 네 눈 속에서 들보를 빼어라 그 후에야 밝히 보고 형제의 눈 속에서 티를 빼리라" (마 7:1—5).

"네가 어찌하여 네 형제를 판단하느뇨 어찌하여
네 형제를 업신여기느뇨 우리가 다 하나님의 심
판대 앞에 서리라 기록되었으되 주께서 가라사
대 내가 살았노니 모든 무릎이 내게 꿇을 것이요
모든 혀가 하나님께 자백하리라 하였느니라 이
러므로 우리 각인이 자기 일을 하나님께 직고하
리라"(롬 14:10-12).

비난의 말-그치십시오. 자꾸 비난의 말을
하면 내가 내뱉은 그 비난의 말에 의해, 나도
모르게 내가 비판적인 사람이 되어버립니다.
고착화되어 버리면 나중에는 사사건건 시비를
거는, 흉한 몰골의 사람이 되어 버립니다. 비
난의 말!-그치십시오.

명령조의 말

세상에 명령조의 말을 듣기를 좋아하는 사람
은 없습니다. 명령조의 말을 듣는 것은 다 싫
어합니다. 명령조의 말은 듣는 사람으로 하여
금, 즉각적인 반발을 초래하게 합니다. 상대가

뭘 대단히 잘못을 했다하더라도, 일단 그것을 시정하라는 말을 명령조로 듣게 되면, 그 상대는 즉시로 자기의 마음을 닫아버립니다.

더구나 명령조의 말은 그 음성이 어쩔 수 없이 하이 피치가 되기 때문에, 듣는 사람으로 하여금 교만하고 거만하고 억압적으로 들리게 됩니다. 그래서 듣는 사람의 기분을, 순간적으로 상하게 만들어 버립니다. 그것을 성경은 '칼로 찌르는 듯 하는 말이라' 고 표현하고 있습니다. 잠언 12장 18절입니다.

"혹은 칼로 찌름같이 함부로 말하거니와 지혜로운 자의 혀는 양약 같으니라"

그러므로 명령조의 말보다는, 청유조나 의문조의 말을 하십시오. 청유조나 의문조의 말은 상대를 의사 결정에 참여하게 함으로써, 그 일이 남의 일이 아니라, 자신의 일이라는 생각을 갖게 해줍니다. 아! 이 사람이 나에게 나의 동의를 구하는 최소한의 나에 대한 예의와 절차는 밟는구나. 그 정도는 나를 배려하는구나—이런 생각을 들게 함으로, 그 사람으로 하여금 그 일에 능동적인 자세를 취하게 만드는 힘이 있습니다.

그러므로 명령조의 말은 그치십시오. 지금 내 인생의 모습은, 어느 정도는 내가 내뱉어낸 내 말의 결과일 수 있다는 것을 상기한다면, 여러분이나 저나 자꾸 명령조의 말만 해버릇하면, 나중에는 내가 내뱉은 상습적인 명령조의 말들에 의해, 사람이 완악하고 딱딱하고 억압적이며 독선적인 명령조의 사람이 되어 버립니다.

이기적인 말

사람은 다 자기 자신에 대해서만 말하기를 좋아합니다. 매번 하는 이야기를 보면, 다 자기 중심적입니다. 내가 어떻고, 내 큰아들이 어떻고, 내 사업이 어떻고, 내가 무슨 일을 당했고, 내 남편이 어떻고 … 내용이 다 자기 자신 일색입니다.

　그러나 신자는 자기 자신의 말만 해서는 안 됩니다. 대신에 상대의 얘기, 즉 상대가 좋아하는 것, 상대가 관심 가지고 있는 분야, 상대가 간절히 원하고 있는 문제 … 이렇게 대화의 대상을 바꿀 줄도 알아야 합니다.

　대상이 상대의 관심사로 바꿔야, 비로소 상대와의 관계는 부드러워집니다. 그러려면 상대의 관심사가―그 상대가 남편이든, 아내든, 자녀든, 시어머님이든, 누구든―무엇인지 파악해두어야 합니다. 그래야 이야기가 됩니다.

　그렇지 않고, 자꾸 내 얘기 내 관심사 내가 좋아하는 것 … 나! 나! 나! 해버리게 되면, 인간관계는 안되는 것입니다. 그러므로 상대를 연구하십시오. 그 상대가 남편이든 아내든 자녀든 회사 동료든 교회 교우든 당신하고 구천의 원수관계에 있는 사람이든 … 아무튼 상대를 연구하십시오. 상대의 관심사를 알아내십시오.

　그리고 그 상대의 관심사를 위주로 이야기하십시오. 그게 성공적인 인간관계의 방안입니다. 그렇지 않고 맨 날 내 얘기만 하면, 종내에는 나도 모르게 나밖에 모르는 극단의 이기주의자가 되어 버리고 맙니다.

논쟁의 말

논쟁하는 말은 마십시오. 논쟁이 붙어서 이길 수 있는 사람은 없습니다. 논쟁이라는 게, 이기는 것이란 애초부터 없다는 것을 명심하십시오. 왜냐하면 설혹 논쟁에서 이긴 것처럼 보인다하더라도, 그것은 이긴 것이 아니라, 나를 대적하는 사람을 하나 더 만든 것에 불과하다는 것을 알아야 합니다.

왜냐하면 논쟁이란 감정싸움이고, 감정싸움은 또 다른 감정싸움을 야기시키는 악순환을 부르기 때문입니다. 생각해보십시다. 논쟁에서 이겼다는 것은, 정상적으로 이긴 것이 아니라, 말하자면 상대를 윽박지르고, 상대에게 소리치고, 상대를 주눅들게 해서 이긴 것입니다.

그러니까 이겨서 이긴 것이 아니라, 상대를 묵사발 만들어놔서 이긴 것입니다. 그러니 진

그 상대가 기분이 좋을 리 있겠습니까? 나쁩
니다. 마음으로는 절대 항복을 안합니다. 그러
므로 논쟁에서 이겼지만 그러나 진거나 마찬
가지고, 적을 하나 더 만든 거나 진배없는 것
입니다.

　그러므로 논쟁이 붙었을 때, 가장 최상의 방
안은 거기서 빠져 나오는 것입니다. 갑자기 볼
일이 있다고 둘러대고 빠져나오든, 화제를 다
른 쪽으로 돌려서 빠져나오든, 아무튼 그 논쟁
에서 빠져 나오는 것이 상책입니다. 아무리 당
신이 옳고, 당신이 맞는다하더라도, 일단 그
논쟁에서 빠져나오는 것이, 가장 최상의 방안
입니다.

　그리고 이렇게도 생각을 해보셔야 합니다.
한 문제에 대해서, 사람이 서로 의견이 다를
수 있습니다. 인정하셔야 합니다. 내가 옳고
상대가 틀릴 수도 있지만, 반대로 상대가 옳고
내가 틀릴 수도 있습니다. 내가 틀렸는데도 내
가 우겨서 논쟁이 시작되었다면, 내가 틀렸다
는 것을 솔직히 빨리 인정하고 논쟁을 중지하

십시오.

반대의 경우 즉 내가 옳고 상대가 틀렸는데, 상대가 우겨서 논쟁이 시작된 경우에도 마찬가지입니다. 지금은 내가 옳아 보이지만, 그것이 정말 옳은 것인지 혹 내가 틀리게 생각하고 있는 것은 아닌지를 재검토해 보아야 합니다. 또 상대의 말이 지금은 틀려 보이지만, 그러나 옳을 수도 있다는 생각을 해야 합니다. 그러려면 생각들을 다시 점검해보기 위한 시간이 필요합니다. 그래서 그 시간을 가지기 위해서라도, 지금 논쟁을 그쳐야 하는 것입니다.

그쳐야 할 논쟁을 그치지 않고 자격지심 때문에, 또는 이왕 시작한 싸움인데 여기서 물러나면 나만 망신이라고 하는 오기 때문에, 끌가치도 없는 논쟁을 질질 끌게 되면, 그것은 두 사람 모두의 패배로 귀결될 수밖에 없습니다.

그래서 성경은 논쟁을 '허한 말'이라고 규정하면서, 논쟁의 말에 빠져들어가지 말 것을 교훈하고 있습니다. 디모데전서 6장 20절입니다.

"디모데야 네게 부탁한 것을 지키고 거짓되이 일
컫는 지식의 망령되고 허한 **말**과 변론을 피하라"

논점은 이것입니다. 논쟁의 말을 그치십시
오. 자꾸 사람과 논쟁하다가보면, 종내에는 나
도 모르게 내가 논쟁적인 사람이 되고 맙니다.

상대를 무시하는 말

상대를 무시하는 말 중에, 제일 대표적인 말
이 '당신이 틀렸소!' 하는 말입니다. 상대를
무시하는 말 중에 대표적으로 통용되고 있는
이 '당신이 틀렸소!' 라는 말은, 듣는 상대로
하여금 반발심을 즉각적으로 불러일으킵니다.
더 심각한 문제는 '당신은 틀렸소!' 하는 이 한
마디가, 상대의 모든 것을 무시하는 말로 오인
될 수 있다는 점입니다. 상대의 인격, 지식, 품
성, 판단력, 권위 등등 그의 모든 것이 '당신은
틀렸소!' 하는 한마디로 무시되고 매도되고 있
는 판인데, 상대가 그런 말을 하는 나에게 호
의적일 수가 없는 것입니다.

그러니까 이렇게 생각하시면 됩니다. '당신은 틀렸어!' 하는 그 한마디로, 모든 산통이 다 깨진다고 생각하면 틀림없습니다. 이렇게 산통이 다 깨진 상태에서는, 그 사람은—물론 표현은 하지 않고 마음속으로만 작정하는 단계에 머문다하더라도—그때부터 당신과 싸우려는 생각만 하게 됩니다.

논점은 이것입니다. 인생을 살아가면서, 대상이 남편이든, 가족이든, 교회 교인이든, 사업상 만나는 사람이든, 그 사람과 대적관계에 들어서고 싶다면 몰라도, 그렇지 않은 다음에야, 그 사람에게 '당신은 틀렸어!' '당신이 잘못 알고 있는 거야! 당신이 틀렸어!'—이런 말을 마십시오.

거짓말

안해도 되는 거짓말을 기어이 해야, 직성이 풀리는 신자들이 많습니다. 중요한 일도 아니고, 그 거짓말을 했다고 해서, 자신에게 무슨 큰 유익이 돌아오는 것도 아닌데, 아주 사소한 일에도 거짓말을 하는 습관을 떨쳐 내버리지 못하는 신자들이 적지 않습니다.

뻔히 아는 일인데도, 한 다리만 건너면 금방 들통이 날 거짓말인데도, 눈 하나 변치 않고 거짓을 말하는 이 버릇은 속히 벗어버려야 합니다. 고치지 않고 그대로 두고 자꾸 거짓말하는 생활을 하게 되면, 종국에는 그게 사람의 얼굴까지 굳어지게 만들어 버립니다.

걸핏하면 거짓말을 하려는 그런 습관이 아직도 내게 있는 것을 아주 징그럽게 생각하셔야 합니다. 거짓말하는 그 습관이 내 인생을 얼마나 망쳐왔었는 지를 뼈저리게 생각을 해 보셔야 합니다. 그리고 거짓말하는 습관을 앞으로도 계속 가지고 있으면, 그게 결국은 내 인생을 송두리째 말아먹을 것에 대한 두려움을 가져야 합니다. 더 단도직입적으로 말해서 거짓말하면 망합니다. 거짓말을 계속하면 그 인생 끝장입니다.

"거짓 증인은 벌을 면치 못할 것이요 거짓말을

내는 자는 망할 것이니라"(잠 19:9).

"거짓 행하는 자가 내 집안에 거하지 못하며 거
짓말하는 자가 내 목전에 서지 못하리로다"(시
101:7).

'내 목전에 서지 못하리로다' ─사람이 하나
님 목전에 서지 못하고 하나님에게 쫓겨나면,
그것은 그 인생 끝나는 것입니다. 그러므로 거
짓말을 끊으십시오. 아무리 손해가 나게 생겼
고, 아무리 개망신을 당하게 생겼고, 아무리
이번 딱 한 번만하고 말겠다 하더라도, 거짓말
하지 마십시오. '이번 딱 한번이라도!' ─아닙
니다. 하지 마십시오. '이번 딱 한번만' 때문에
망한 사람이 도처에 있습니다.
    거짓말이 내 입에서 튀어나오려고 할 때마
다, 다음의 성경의 말씀들로 입을 막으십시오.

"거짓 말하는 자를 멸하시리이다 여호와께서는
피흘리기를 즐기고 속이는 자를 싫어하시나이다
… 저희 입에 신실함이 없고 저희 심중이 심히

악하며 저희 목구멍은 열린 무덤 같고 저희 혀로
는 아첨하나이다" (시 5:6, 9).

남을 깔보는 말

사람을 깔보는 말은 할 생각도 마십시오. 사
람을 깔보는 말을 한다는 것은, 결국 그 사람
을 멸시하고, 얕잡아 본다는 말입니다. 사람을
얕잡아 보고, 깔보고, 그러니까 그 사람한테
반말 턱턱 하고 그러는 것입니다.

사람을 깔보지 않고, 존중하는 말을 하는 연
습을 하십시오. 이 연습을 위해 애를 쓰십시
오. 지금부터라도 사람을 대할 때, 그 사람이
많이 배운 사람이라고 높이 보고, 초등학교도
안 나온 사람이라고 무시보고, 돈 있는 사람이
라고 떠받들고, 쥐뿔도 없는 가난한 사람이라
고 함부로 대하고. … 이러지 마십시오. 이런
생각부터 지워버리십시오. 사람을 깔보는 것
은 하나님을 깔보는 것입입니다. 잠언 14장 31
절입니다.

"가난한 사람을 학대하는 자는 그를 지으신 이를 멸시하는 자요 궁핍한 사람을 불쌍히 여기는 자는 주를 존경하는 자니라"(잠 14:31).

그러므로 여러분! 자꾸 사람을 깔보는 말을 하는 습성이 있거든, 그런 말이 나올 때마다, 바늘로 허벅지를 찌르시든, 허벅지를 꼬집으시든, 아무튼 무슨 조처를 취하십시오. 내 입에서 사람을 깔보는 말이 나오는 것을, 경계하십시오. 누구나가 다 하나님 앞에 귀한 존재로 지음 받았다는 것을 머리에 박아 두십시오. 기억하십시오. 욥기 31장 15절입니다.

"나를 태 속에 만드신 자가 그도 만들지 아니 하셨느냐 우리를 뱃속에 지으신 자가 하나가 아니시냐"(욥 31:15).

아무리 악독한 짓을 저지른 사람이라도, 하나님께서 여전히 그를 기다리시며, 그를 사랑하신다는 생각을 가지고, 사람을 귀하게 대하는 습성을 기르십시오. 그게 사람을 살립니다.

불평하는 말

불평한다는 것은, 하나님을 신뢰를 않겠다는 말입니다. 항상 부족함을 느끼고, 모든 것에 모자람을 느끼고, 자족하지 못하고 … 이렇게 살면 자기도 모르는 사이에, 사람이 모든 것에 불평하는 사람으로 전락되어 버립니다. 성경이 바로 그것을 경고하고 있습니다. 시편입니다.

"행악자를 인하여 불평하여 하지 말며 불의를 행하는 자를 투기하지 말지어다 … 여호와 앞에 잠잠하고 참아 기다리라 자기 길이 형통하며 악한 꾀를 이루는 자를 인하여 불평하여 말지어다 분을 그치고 노를 버리라 불평하여 말라 행악에 치우칠 뿐이라" (시 37:1,7-8).

그러면 왜 신자가 그렇게 불평이 많은 사람으로 전락하게 되느냐? 세상 사는 목표 자체

를 잘못 잡아서 그럽니다. 자 보십시다. 신자
는 이 땅에서 행인이고 나그네와 같은 존재입
니다. 이 땅에서 살 사람들이 아닙니다. 이 땅
에서 천국을 준비하는 사람들입니다.

　지금 그 천국을 향해 가는 사람들이고, 이
다음에 천국 가서 살게 될 때, 거기서 필요한
모든 것들을 이미 다 보장받은 사람들입니다.
이제 거기 가기만 하면 되는데, 바로 그 천국
을 준비하는 기간으로 주어진 것이 바로 이 땅
에서의 기간입니다.

　그러므로 신자들에게는 이 땅이 지나가는 땅
입니다. 그러니 이 땅에서 좀 못 살아도 크게
상관은 없는 것입니다. 물론 이 땅에서 돈이
많으면, 살기에 편리하고 좋지만, 천국 가는
길에 전혀 지장이 없습니다. 크게 상관은 없는
것입니다. 다른 것도 마찬가지입니다. 이 세상
에서 성공하면 좋겠지만, 성공 못했다 하더라
도 천국 가는 길에 지장이 없습니다.

　그러므로 자족하는 연습을 하십시오. 자족의
말을 하십시오. 불평하는 말이 자꾸 내 입에서

새어나오려고 할 때마다, 다음의 성경 말씀으로 그 입을 막으십시오. 그러면 얼마지 않아 불평의 말이 사라질 것입니다.

"돈을 사랑치 말고 있는 바를 족한 줄로 알라 그가 친히 말씀하시기를 내가 과연 너희를 버리지 아니하고 과연 너희를 떠나지 아니하리라 하셨느니라" (히 13:5).

"그러나 지족하는 마음이 있으면 경건이 큰 이익이 되느니라 우리가 세상에 아무것도 가지고 온 것이 없으매 또한 아무 것도 가지고 가지 못하리니 우리가 먹을 것과 입을 것이 있은 즉 족한 줄로 알 것이니라" (딤전 6:6-8).

논점은 이것입니다. 불평 그치십시오. 자꾸 불평하는 말만 하면 내가 한 그 불평조의 말에 의해, 내가 불평하는 사람이 되어 버리고 맙니다. 불평하는 사람을 좋아할 사람은 아무도 없습니다.

아첨하는 말

아첨의 말이란, 자기가 상대로부터 어떤 이득을 얻기 위해서, 있지도 않은 일인데 있었던 것처럼 꾸며서 이야기하거나, 상대가 기분 좋으라고 뻥을 치거나, 과장하거나 하는 말입니다.

문제는 이런 아첨하는 말은, 그 당시에는 듣는 사람으로 하여금 기분 좋게 만들지만, 그러나 종국에는 그게 다 드러나서, 아첨의 말을 한 그 사람을 추하고 구차스럽게 만들어 버린다는 점입니다. 그러므로 내 말에 아첨하고 과장하고 허풍 하는 끼가 있다고 생각되시거든, 바로 그치십시오. 아첨하는 병을 안 고치면, 그게 나중에는 응고되어서 상습적인 아첨꾼이 되어 버리게 됩니다.

아첨의 말이 내게서 나온다 싶으면, 다음의 하나님 말씀을 외워두셨다가, 그때마다 외워둔 아래의 말씀을 묵상하십시오.

"이같은 자들은 우리 주 그리스도를 섬기지 아니

하고 다만 자기의 배만 섬기나니 공교하고 아첨
하는 말로 순진한 자들의 마음을 미혹하느니라”
(롬 16:18).

“너희도 알거니와 우리가 아무 때에도 아첨의 말
이나 탐심의 탈을 쓰지 아니한 것을 하나님이 증
거 하시느니라” (살전 2:5).

제 3 부
말을 고치자

3.1 말과 마음의 관계

앞에서 으리는 지금 내 인생의 모습은, 어느 정도는 내가 내뱉어낸 내 말의 결과일 수 있다는 것을 전제로 하고 나서(제 1부), 그렇다면 신자로서 하나님 앞에 말을 조심하고 바른 말을 써야 하는데, 그 구체적인 실천방안으로써 신자로서 할말과 하지 말아야 할 말에 대해서 살펴보았습니다(제 2부).

이제 여기 제 3부에서는, 말과 그것이 유래되는 근원지로서의 마음과의 상관관계를 살펴봄으로써, 하나님 앞에 신자로서 바른 말을 쓰기 위해서, 우리가 우리의 마음에 대해서 어떠한 신앙적인 조치들을 해야 하는 지에 대해서 알아보겠습니다.

말에는 일반적으로 다음과 같은 두 가지의 기능이 있다고 보여집니다.

① 정보전달적 기능＝지식습득을 위한 기능
　＝나를 위한 기능
② 감정표현적 기능＝감정을 전하기 위한
　기능＝남을 상대로 한 기능

①의 정보전달적 기능이란 말하자면, 지식을 습득하는 도구로서의 말의 기능을 나타낸 것입니다. 사람은 정보전달적 가능을 통해서, 자신의 주변의 것들로부터 시작해서, 사물과 사건에 대한 지식을 하나씩 습득해나가게 됩니다. 예를 하나씩 들어보겠습니다.

"엄마! 비행기는 왜 뜨는 거야? 무거운 쇳덩어리가 어떻게 하늘을 나를 수 있는 거야?"
"응 그건 말야! 어려운 말로 양력이라는 것 때문인데…."

이렇게 사람은, 어려서부터, 정보전달적 기능을 통하여, 자신의 앞에 펼쳐진 세계를 하나씩 습득, 정리해 나가게 됩니다. 그러므로 정보전달적 기능을 제한 시켜 버리면, 사람은 지식 습득을 할 수가 없게 되어 버립니다.

"어린애가 뭘 그런 것을 물어. 쓸데없이!"
"질문하려는 것이 뭔지 정확하게 말할 수 없니?"

부모자식간을 예를 들어서 봅시다. 가령 부모가 번번이 위와 같이 무안을 주는 대답을 함으로써, 자녀의 정보전달적 기능을 소멸시켜 버리면, 자녀의 지식 습득에 대한 의욕은 저하될 수밖에 없게 됩니다. 이게 바로 ①의 정보전달적 기능입니다.
이에 반해서 ②의 감정표현적 기능은 상대에 대한 나의 감정, 판단, 의지, 느낌을 나타내는 기능입니다. 우리는 말의 이러한 감정표현적 기능을 통해서 상대가 나를 어떻게 생각하고 있는 지를 알게 됩니다.
문제는 감정표현적인 말은 그 말의 씨가 마음에 쌓여 있다가 나온 것이라는 점입니다. 그래서 상대에 대한 내 감정, 판단, 의지, 느낌을 드러내는 감정표현적인 말일수록, 말을 바로 해야 하는 것이 중요한 것입니다. 그런데 내가 감정표현적인 말을 바로 하려면, 먼저 내 마음이 변화를 받아야 합니다. 왜냐하면 감정표현적인 말이란 것은, 결국은 내 마음속에 있던 것이 밖으로 나온 것이기 때문입니다.

그래서 이제부터 감정표현적인 말과, 그것을 산출하는 근원지로서의 마음과의 관계에 대해서 살펴봄으로, 우리 마음이 말씀으로 채워져야 하는 것이 왜 그토록 중요한 문제인지를 살펴보기로 하겠습니다. 우선 감정표현적인 말과 마음과의 관계를 도표로 그리면 다음과 같습니다.

㉮ 마음 → 감정표현적인 말이 담겨있는 그릇
㉯ 감정표현적인 말 → 마음속에 담겨 있던 것이 입밖으로 표현된 것

다시 말씀드리지만, 감정표현적인 말은, 우리 마음속에 있던 어떤 생각과 의지와 판단과 감정과 정서의 편린들이 입밖으로 표현된 것입니다. 좀 반복되는 것 같지만 아주 중요한 전제이기 대문에, 여기서 다시 예를 들어서 살펴보도록 하겠습니다.

자 내가 누구에 대해서 XX라는 감정표현적인 말을 했다고 합니다. 내가 그에 대해서 XX라는 감정표현적인 말을 했다고 하는 것은, 무엇을 전제로 하냐 하면, 그 사람에 대한 그 XX라는 감정의 편린이, 내 마음속에 이미 쌓여있었던 것이라는 것을 전제합니다.

내 마음 속에 그 사람에 대한 XX라는 감정이 쌓여 있지 않은데, 그 XX가 말로 나올 수는 없는 노릇입니다. 분명 그 XX는 내 마음속에 쌓여있던 것입니다. 성경은 감정표현적인 말과 마음과의 이러한 상관관계를, 다음과 같이 교훈 해주고 있습니다. 누가복음 6장 45절입니다.

"선한 사람은 **마음**의 쌓은 선에서 선을 내고 악한
자는 그 쌓은 악에서 악을 내나니 이는 **마음**의 가
득한 것을 입으로 **말함이니라**"

분명하지 않습니까? 내가 내 뱉은 감정표현
적인 말은, 벌써 내 마음속에 있었던 것이 나
온 것입니다. 그런데 문제는 나도 모르는 말
이, 내 입으로 튀어나올 때가 있다는 점입니
다. 그래서 흔히 우리는 다음과 같은 변명을
하게 됩니다.

"S집사! 나 용서해 줘! 내가 아무 생각 없이
나도 모르게 그만 그런 말을 했어!"

'내 마음에 없는 말인데, 그만 엉뚱하게 튀
어나와 실수를 했다! 그러니 용서를 바란다!'
는 요지의 말입니다. 물론 말의 실수를 했다는
면에서는 이해가 가는 말이지만, 그러나 감정
표현적인 말과 마음과의 상관관계에 대한 성
경의 진술에 비추어 볼 때, 위의 말은 사실과

는 다른 말입니다.

다시 말씀드리지만, 그래서 다시 정리하는 바이지만, 마음속에 없던 것이 감정표현적인 말로 튀어 나올 수는 없습니다. 이 점에 대해서 마태복음은 아예 직설적으로 교훈 해주고 있습니다. 마태복음 15장 18절입니다.

"입에서 나오는 것들은 **마음**에서 나오나니 이것 이야말로 사람을 더럽게 하느니라"

그러니까 감정표현적인 말이 내 입에서 튀어 나왔다는 것은, 그게 마음에 있었다는 것을 전제로 합니다. 그러면 봅시다. 마음속에 있던 게 나온 것이 감정표현적인 말이라면, 다시 말해서 내 입에서 떨어진 감정표현적인 말은, 다 내 마음속에 쌓여있던 게 나온 것이라면, 그러면 나도 모르는 말이 내 입에서 튀어나오는 것처럼 생각되어지는 일이 있느냐 하는 것입니다.

내 마음과도 전혀 다르고, 그런 마음도 먹지 않았고, 그렇게 생각하고 있지도 않았는데, 왜 내 마음과는 전혀 다른 감정표현적인 말이 내게서 튀어나오는 일이 있느냐 하는 것입니다. 결론부터 말하면, 그 감정표현적인 말은, 그 말의 씨가 내 마음의 어떤 영역에 잠복되어 있었기 때문에, 내가 의식하지 못하는 것뿐, 실은 내 마음에 이미 쌓여있던 것이 입으로 나온 것이라는 것입니다.

이제 이 점을 살피기 위해서, 성경이 보여주는 바 사람의 마음의 구조에 대해서 간략히 알아보기로 하겠습니다. 아가서 5장 2절을 봅시다. 아가서의 이 구절은 사람의 마음의 구조가 이중 구조임을 보여주고 있습니다.

"내가 잘지라도 **마음**은 깨었는데 나의 사랑하는 자의 소리가 들리는구나 문을 두드려 이르기를 나의 누이, 나의 사랑, 나의 비둘기, 나의 완전한 자야 문 열어 다고 내 머리에는 이슬이, 내머리털에는 밤이슬이 가득하였다 하는구나"

여기 보면 "내가 잘지라도"라는 구절이 있습

니다. 이 말은 히브리 원어로 '야쉔'이라고 합
니다. 이 '야쉔'이란 말은 '내가 기억하지 못
할지라도' '내가 의식하지 못할지라도' '내가
인식하지 못할지라도'라는 뜻을 가진 말입니
다. 그러니까 우리의 마음에는, 우리가 의식하
는 영역 외에, 우리도 기억하지 못하는 영역이
엄존하고 있다는 말입니다.

  편의상 우리가 기억하는 마음의 영역을 (A),
그리고 기억하지 못하는 마음의 영역을 (B)라
고 부르기로 하겠습니다. 그리고 그것을 그림
으로 그려보면 다음과 같습니다.

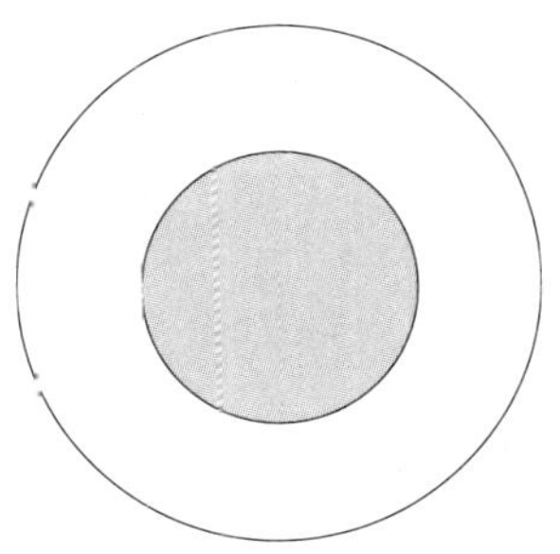

영역 (B)를 안쪽에 그렸습니다. 잘 포착이

안되기 때문입니다. 바로 이 영역 (B)에 잠복되어있던 과거의 사건들, 경험들로부터 얻은 감정, 인식, 판단 등은 시간이 지나면 잘 기억이 안되는 것이 사실입니다. 아니 기억을 못합니다. 의식도 못합니다. 인식도 없습니다.

그러나 분명히 알아야 할 사실은, 비록 그렇다고 하더라도 과거의 사건들, 경험들로부터 얻은 감정, 인식, 판단 등은 엄연히 마음 (B)에 쌓여있다고 하는 점입니다. 단지 우리가 감지를 못할 뿐입니다. 바로 이 때문에 심리학에서는 이 영역 (B)를 '무의식' 이라고 부르는 지도 모르겠습니다.

하여튼 성경은 이 영역 (B)를 구분해서, 가령 시편 같은 데에도 보면, 단순히 '마음' 이라고 하지 않고, '마음의 비밀' 이라고 해서, 우리가 통상 '마음' 이라고 할 때 지칭되는 영역 (A)와 구분하고 있는 것을 볼 수 있습니다. 시편 44편 21절을 봅시다.

"하나님이 이를 더듬어 내지 아니하셨으리이까

대저 주는 **마음의 비밀을** 아시나이다"

여기 뿐이 아닙니다. 성경은 도처에서 영역
(A)와 구분되는 것으로서의 영역 (B)를 언급
하고 있습니다. 다 찾아 볼 수는 없고, 신약에
서 한군데만 보기로 하겠습니다. 히브리서 4장
12절입니다.

"하나님의 말씀은 살았고 운동력이 있어 좌우에
날선 어떤 검보다도 예리하여 혼과 영과 및 관절
과 골수를 찔러 쪼개기까지 하며 또 **마음의 생각**
과 뜻을 감찰하나니"

위에서 '감찰하다' 란 말은 '크리티코스' 입
니다. '사람으로서는 인지할 수 없는 영역까지
도 하나님은 유리쪽처럼 갈라낸다' 는 뜻입니
다. 그러니까 우리가 살면서 받은 상처, 수치,
멍울, 원통함, 경험, 어떤 죄를 범한 데 따른
죄책감, 그에 따른 감정, 인식, 판단 등등이 오
랜 세월동안 치유를 받지 못하고, 그대로 방치

되어 버리면, 그게 다 마음의 영역 (B)에 쌓이게 되고, 그렇게 쌓였던 것들이, 어떤 여건을 기화로 해서 감정표현적인 말로 입에서부터 튀어나오게 되는 것입니다.

논점은 이것입니다. 우리가 하는 감정표현적인 말의 대부분은, 물론 영역 (A) 속에 들어 있었던 것에서 나온 것이라고 할 수 있습니다. 그렇지만 우리가 하는 많은 감정표현적인 말 중의 적지 않은 말은, 영역 (B)속에 들어있었던 감정, 인식, 판단에서 나오는 것일 수도 있다는 것을 알아야 합니다.

그러니까 자신에 대해서 자꾸 걱정 근심하는 감정표현적인 말이 나온다는 것은 그 걱정 근심이 내 마음의 어디에 쌓여있다가 나온 것이라는 말입니다. 잠언 12장 25절이 그것을 말씀해주고 있습니다.

"근심이 사람의 마음에 있으면 그것으로 번뇌케 하나 선한 말은 그것을 즐겁게 하느니라"

'근심이 마음에 있으면' —내 근심이 마음에 쌓여있으니까 근심이란 의식, 판단, 정서, 감정을 표현하는 말이 나오는 것입니다. 돈이 마음에 있으면, 입만 열면 돈! 돈! 하는 돈에 대한 감정표현적인 말이 튀어나오는 것입니다. 또 마음의 관심사가 여자면, 자꾸 여자에 대한 말이 나오는 것입니다. 잠언 6장 25절을 봅시다.

"네 **마음**이 그 아름다운 색을 탐하지 말며 그 눈꺼풀에 홀리지 말라"

분명하지 않습니까? 마음에 여자를 음욕의 대상으로 보는 마음이 쌓였기 때문에, 입만 열면 여자를 대상으로 하는 감정표현적인 말, 즉 외간 여자를 상대로 한 더러운 음욕의 말이 튀어나오는 것입니다.

바로 이래서 예수님께서는 보물을 예로 들어서, 마음의 관심사가 이 세상 보물이면, 자꾸 그 관심사에 대해서 말하게 되는데, 그것은 바로 그 관심사가 마음에 있기 때문이라고 하신 것입니다. 마태복음 6장 21절의 예수님의 말씀이 바로 그 원리를 말씀하고 있습니다.

"네 보물 있는 그 곳에는 네 **마음**도 있느니라"

결국 우리가 알아야 할 것은, 내가 XX라는 감정표현적인 말을 했다는 것은, 그 XX가 내 마음속에—그것이 영역 (A)이든 (B)이든—아무튼 내 마음에 쌓여있었다가, 그게 감정표현적인 말로 튀어나온 것이라는 것입니다. 그래서 성경은 마음을 지키라고 한 것입니다. 잠언 4장 23절입니다.

"무릇 지킬만한 것보다 더욱 네 **마음**을 지키라 생명의 근원이 이에서 남이니라"

'네 마음을 지키라' —이것을 알아야 감정표현적인 말에 대한 신앙적인 조처를 할 수 있습니다. 그래서 다음 과에서는 이점에 대해서 살펴보기로 하겠습니다.

3.2 마음이 관건이다

우리는 앞에서 감정표현적인 말과 마음의 상관관계에 대해서 다음과 같이 정리를 했었습니다.

'지금 내 인생의 모습은, 어느 정도 내가 내뱉은 말의 결과입니다. → 그런데 내가 한 감정표현적인 갈, 즉 상대에 대한 감정, 판단, 의지, 느낌을 실은 말은 내 마음에 쌓인 것이 나온 것입니다. → 그러므로 감정표현적인 말을 바로 하기 위해서는 먼저 내 마음이 변화를 받아야 합니다.' ―이것이 앞서서 우리가 정리한 것이었습니다.

그러면 감정표현적인 말을 바로 하기 위해서는, 마음이 변화를 받는 것이 관건인데, 사람이 마음이 변화 받기 위해서는 사람이 먼저 거듭나야 합니다. 사람이 거듭나지 않으면, 마음의 변화는 기대할 수도 기대될 수도 없습니다.

왜냐하면 거듭나지 않은 사람의 마음이라는 것은, 정말 남을 해하고, 남을 상처 주고, 남을 해꼬지 하고, 남을 이용하고 하는 것들로 가득 차 있기 때문입니다. 그래서 남에 대한 감정표현적인 언사가 고울 수가 없습니다. 거듭나지 않은 사람의 마음의 상태에 대해서 성경이 기술한 것을 몇 군데만 살펴보기로 하겠습니다.

"만물보다 거짓되고 심히 부패한 것은 **마음**이라 누가 능히 이를 알리요마는" (렘 17:9).

"입에서 나오는 것들은 **마음**에서 나오나니 이것이야말로 사람을 더럽게 하느니라 **마음**에서 나오는 것은 악한 생각과 살인과 간음과 음란과 도적질과 거짓 증거와 훼방이니 이런 것들이 사람을 더럽게 하는 것이요 씻지 않은 손으로 먹는 것은 사람을 더럽게 하지 못하느니라" (마 15:18-20).

위에서 보다시피, 거듭나지 않은 사람의 마

음은, 죄다 악하고 부패하고 더럽고 … 그렇습
니다. 마음이 이러니, 그 마음에서 감정표현적
인 말이 유래되는 것인데, 그 사람의 감정표현
적인 말이 더럽고 피폐하고 부패한 것이 아닐
수가 없습니다. 그런 말이 안 튀어나올래야,
안 튀어나올 수 없는 것입니다.

　말 특히 감정표현적인 말을 바로 하기 위해
서는, 먼저 내 마음이 변화를 받아야 하는데,
거듭나지 않은 상태에서는 내 마음이라는 것
이, 악한 생각, 살인, 간음, 음란, 도적질, 거짓
증거, 훼방 … 이런 것들로 쌓여있으니, 내 입
에서 떨어지는 감정표현적인 말이 그런 식이
안되려야 안될 수가 없는 것입니다. 창세기는
아예 인간의 마음의 그같은 더러움을 직설적
으로 다음과 같이 기술해주고 있습니다. 창세
기 6장 5절을 봅시다.

　“여호와께서 사람의 죄악이 세상에 관영함과 그
　마음의 생각의 모든 계획이 항상 악할 뿐임을 보
　시고”

거듭나지 않은 상태에서는, 모든 사람의 마음의 생각은 항상 악합니다. 그러니 그 마음에서 악하고, 모질고, 남을 해치고, 자기 배만 위하는 말만 나오게 되는 것은 뻔한 이치입니다. 바로 이래서 사람의 마음은 변화를 받아야 하는 것입니다. 로마서 12장 2절입니다.

"너희는 이 세대를 본받지 말고 오직 **마음**을 새롭게 함으로 변화를 받아 하나님의 선하시고 기뻐하시고 온전하신 뜻이 무엇인지 분별하도록 하라"

그런데 마음이 변화를 받으려면, 먼저 마음이 새롭게 되어야 합니다. 마음이 새롭게 되어야 마음이 변화를 받을 수 있습니다. 그래서 위 로마서에서 ① 마음을 새롭게 하는 것이 먼저 나오고, ② 그 다음에 변화를 받는 것이 나옵니다.

그러면 마음을 새롭게 한다는 것이 무엇이냐? '새롭게' 된다는 것은, 헬라어로는 '아나카이노시'라고 하는데, '재생', '회복'이라는 말입니다. 즉 사람이 거듭나는 것을 의미합니다.

그러면 어떻게 해야 마음이 새롭게 되느냐? 즉 사람이 '아나카이노시' 재생, 회복되느냐? 하는 것입니다. 누구나 누구든지 예수님을 하나님의 아들이요 구세주로 믿고, 내 죄를 시인하고 고백하고, 예수님을 나의 주인으로 모셔들이게 되면, 거듭나게 됩니다.

"네가 만일 네 입으로 예수를 주라 시인하며 또 하나님께서 그를 죽은 자 가운데서 살리신 것을 네 **마음**에 믿으면 구원을 얻으리니" (로마서 10:9).

우리가 선하게 살아 왔어도, 아담 때문에 태어날 때부터 죄인이 된 것처럼, 우리가 아무리 허물이 많게 살아 왔어도 이제 예수님을 믿으면 거듭나게 됩니다. 이게 바로 새롭게 된다는 말입니다.

이렇게 새롭게 되면, 즉 거듭나게 되면 그 순간 그 동안 우리 안에 진치고 있으면서 우리를 죄짓게 하던 우리 안에 있던 죄된 본성이 멸절되게 됩니다. 그 동안 내 안에 뱀처럼 터 잡고 있었던 죄된 본성이 완전히 멸절되게 된다는 말입니다. 로마서 6장 6절이 그것을 말해 주고 있습니다.

"우리가 알거니와 우리 옛 사람이 예수와 함께 십자가에 못 박힌 것은 죄의 몸이 멸하여 다시는 우리가 죄에게 종노릇 하지 아니하려 함이니"

'죄의 몸이 멸하여' —분명하지 않습니까? 그런데 여기서 우리가 간과하지 말아야 할 것은, 비록 우리가 거듭났다 손치더라도, 그 전까지 줄곧 죄된 본성을 따라 사사건건 죄를 짓고 틈만 나면 죄를 지어왔었기 때문에, 죄를 짓던 그 습성이 거듭난 후에도 여전히 버릇으로 남아 있게 된다는 점입니다. 이 습관으로 남아 있는 죄된 버릇을 마태복음에서는 '낡은 옷 ‘, ‘낡은 가죽부대’ 라는 단어를 써서 표현하고 있습니다. 마태복음 9장 16절로 17절을 봅시다.

"생베 조각을 낡은 옷에 붙이는 자가 없나니 이는 기운 것이 그 옷을 당기어 해어짐이 더하게 됨이요 새 포도주를 낡은 가죽 부대에 넣지 아니하나니 그렇게 하면 부대가 터져 포도주도 쏟아지고 부대도 버리게 됨이라 새 포도주는 새 부대에 넣어야 둘이 다 보전되느니라"

여기 보면 ‘낡은 옷 ‘, ‘낡은 가죽부대’ 라는 말이 나옵니다. 여기 말하는 ‘낡은’ 은 헬라어로 ‘팔라이오스’ 입니다. 이 말은 ‘잔재’ ‘잔당’ 이라는 말입니다. ‘몸체’ ‘본성’ 이라는 말이 아니라, 거기서 유래된 그 ‘몸체’ ‘본성’ 은 죽고, 다만 남은 졸개들인 ‘잔재’ ‘잔당’ 이란 말입니다. 그래서 거듭난 후에도 마음에 습관의 형태로 남아 있는 이들 악한 생각, 살인, 간음, 투기, 시기 음란 등등의 잔당 때문에, 그리고 그러한 잔당들의 충동질을 받아서, 남에 대한 곱지 않은 감정표현적 말이 나오게 되는 것입니다.

그래서 ① 먼저는 마음에 습관의 형태로 남아 있는 그 잔당들을 소탕하고, ② 그 다음에는 마음을 하나님의 말씀으로 채워야 하는데, 그것이 바로 위 로마서에서 언급한 마음의 변화인 것입니다. 이제 먼저 마음에 남아 있는 잔당들을 소탕해야 하는데, 그러려면 잔당으로 남아 있는 병든 마음을 하나님께 자백해서, 소탕 받는 것 외에는 다른 방도가 없습니다. 대표적인 성경의 언급으로 욥기서를 봅시다.

"내 영혼이 살기에 곤비하니 내 원통함을 발설하고 내 **마음**의 괴로운 대로 말하리라" (욥 10:1).

'발설하다' '말하다' ─하나님께 내 마음 안에 습관의 형태로 잔존해 있다가, 때때로 출몰하는 그 악한 생각, 살인, 간음, 음란들, 그리고 근심, 요동함, 조급함의 잔당들을, 보는 족

족 토해놓는 것—이것이 마음이 변화를 입는 성경적인 첫 번째 방안입니다. 그래서 요한일서가 다음과 같이 보장하고 있는 것입니다.

"만일 우리가 우리 죄를 자백하면 저는 미쁘시고 의로우사 우리 죄를 사하시며 모든 불의에서 우리를 깨끗케 하실 것이요" (요일 1:9).

이런 다음에, 마음을 하나님의 말씀으로 채워야 합니다. 하나님의 말씀으로 채우지 않고, 그냥 두면 마음은 더 악화됩니다. 반드시 마음을 하나님의 말씀으로 채워야 합니다.

이래야 ① 먼저 마음에 습관의 형태로 남아 있는 그 잔당들이 소탕되고, ② 그 다음에 마음을 하나님의 말씀으로 채워지는 마음을 변화시키는 일련의 신앙적 조처가 완료되는 것이고, 그래야 남에 대한 감정표현적인 말이 바로 나오게 되는 것입니다. 그래서 마음을 하나님의 말씀으로 채운다는 것은 극히 중요합니다. 자 봅시다.

"내가 주께 범죄치 아니하려 하여 주의 말씀을
내 **마음**에 두었나이다" (시 119:11).

"아버지가 내게 가르쳐 이르기를 내 말을 네 **마음**
에 두라 내 명령을 지키라 그리하면 살리라" (잠
4:4).

위에서 시사하고 있다시피 말씀을 마음에
둔다는 것은, 말씀을 읽고 외우고 묵상하고 그
대로 산다는 말입니다.

논점은 이것입니다. '예수 그리스도를 믿음
으로 거듭나면, 마음이 '아나카이노시' 즉 재
생, 회복됩니다. → 그런 다음에는 마음에 남
아 있는 죄의 잔당들을 발견하는 족족 하나님
께 자백함으로 소탕됩니다. → (3) 마음에 하
나님의 말씀을 채워넣습니다.' ─바로 이렇게
해서 마음이 변화를 받게 되면, 그 변화된 마
음에서 나오는 감정표현적인 말은 변화되고
새로운 말일 것이며, 그렇게 새롭게 변화된 내
말이 원인이 되어, 사람들과의 관계에 대로가
열릴 것이며, 그것으로써 주안에서 승리를 구

가하는 인생이 될 수 있는 것입니다.

이제 말씀을 마음에 채워넣는 일에 도움이 되는 '자기 선포문' 몇 가지를 아래에 소개합니다. 아래의 자기선포문들을 첨부된 하나님의 말씀과 함께 매일 큰 소리로 읽으십시오. 틈만 나면 선포하십시오! 시간만 나면 읽고, 선포하고, 그렇게 생각하고, 그렇게 살려고 애쓰십시오. 소리내서 선포할 수 없는 여건이라면, 속으로라도 외우고 읽고 묵상함으로 내 마음을 주의 말씀으로 채우는 일에 힘을 다하십시오.

하나님의 말씀을 고백하고 시인하고 선포하고 그것을 꿈꾸고 그대로 살려고 애씀으로, 하나님의 말씀이 우리 마음에 채워지면, 우리의 마음은 새롭게 변화되며, 그것을 통해서 남을 향해서 발사되었던 그 동안의 부정적인 언사는 사라지고, 대신 남을 위하고 배려하고 이해해주고 용서해 주려하는 언사로 바뀌면서, 나의 감정표현적인 말의 쓰임새에 일대 변환이 나타날 것입니다. 말이 바뀌면 동시에 삶에도 새로운 전기가 부여되어, 부정적인 신앙이 소멸되고, 성공적인 삶에로의 전환으로 인생이 들어설 것입니다.

바로 이래서 마가복음에서는 내 입에서 떨어지는 말의 힘에 대해서 다음과 같이 기술하고 있는 것입니다. 마가복음 11장 23절입니다.

"내가 진실로 너희에게 이르노니 누구든지 이 산더러 들리어 바다에 던지우라 하며 그 말하는 것이 이룰 줄 믿고 마음에 의심치 아니하면 그대로 되리라"

'말하는 것이 이룰 줄 믿고' —분명하지 않습니까? 그러므로 다음의 자기선포문을 매일 고백하고 시인하고 선포하고 그 모습을 꿈꾸고 기대하고, 그리고 그대로 살려고 애쓰십시오. 하나님의 말씀으로 채워져서 변화된 마음이 여러분의 말도 근본적으로 바꾸어줄 것입니다.

자기선포문 ①—나는 아무리 두려운 일이 생겨도 두려워하지 않는다. 왜냐하면 하나님께서 나를 붙들고 계시기 때문이다.

"저는 넘어지나 아주 엎드러지지 아니함은 여호와께서 손으로 붙드심이로다" (시 37:24).

자기선포믄 ②—나는 어떠한 안 좋은 일이 생겨도 불안해하지 않는다. 왜냐하면 심지어 제비뽑는 일에도 간섭하시는 하나님께서 지금 나를 인도하그 계시기 때문이다.

"사람이 제비는 뽑으나 일을 작정하기는 여호와께 있느니라" (잠 16:33).

자기선포문 ③—나는 항상 기대를 가지고 산다. 왜냐하면 내가 하나님께 드린 기도를 하나님은 다 듣고 계시기 때문이다.

"하물며 하나님께서 그 밤낮 부르짖는 택하신 자들의 원한을 풀어 주지 아니하시겠느냐 저희에게 오래 참으시겠느냐" (눅18:7).

자기선포문 ④—나는 어떤 어려움도 난관도 극복할 수 있다. 왜냐 하면 지금 내가 겪는 어려움은, 하나님께서 내가 감당할만 하다고 판단하셔서 주신 것이기 때문이다.

"사람이 감당할 시험밖에는 너희에게 당한 것이 없나니 오직 하나님은 미쁘사 너희가 감당치 못할 시험 당함을 허락지 아니하시고 시험 당할 즈음에 또한 피할 길을 내사 너희로 능히 감당하게 하시느니라"(고전 10:13).

자기선포문 ⑤—나는 남에게 주는 자이다. 그런 나에게 하나님께서는 내게 후히 되어 누르고 넘치도록 하여 되갚아 주신다.

"주라 그리하면 너희에게 줄 것이니 곧 후히 되어 누르고 흔들어 넘치도록 하여 너희에게 안겨 주리라 너희의 헤아리는 그 헤아림으로 너희도 헤아림을 도로 받을 것이니라"(눅 6:38).

자기선포문 ⑥—나는 이미 회개하고 돌이킨

죄 때문에, 뒷덜미를 잡히거나 죄책감에 시달
릴 필요는 없다. 왜냐하면 하나님께서도 그 죄
를 가지고 나를 정죄하시지 않기 때문이다.

"그러므로 이제 그리스도 예수 안에 있는 자에게
는 결코 정죄함이 없나니 이는 그리스도 예수 안
에 있는 생명의 성령의 법이 죄와 사망의 법에서
너를 해방하였음이라"(롬 8:1-2).

자기선포문 ⑦-나는 지금의 나의 가족, 나
의 형편, 나의 지위, 나의 월급에 만족하고 감
사한다. 왜냐하면 더 주실 수 있는 분이 더도
말고 덜도 말그 딱 이만큼 주신 것은, 그만큼
이 내게 가장 유익된 분량이라고 하나님께서
판단하셔서 내게 주신 것이기 때문이다.

"우리가 먹을 것과 입을 것이 있은 즉 족한 줄로
알 것이니라"(딤전 6:8).

자기선포문 ⑧-나는 모든 일에 최선을 다하
지만, 그러나 일의 결과를 초조해하거나 안달

하지는 않는다. 왜냐하면 하나님의 타이밍은 빠르지도 늦지도 않고 완벽하시기 때문이다.

"천하에 범사가 기한이 있고 모든 목적이 이룰 때가 있나니" (전 3:1).

자기선포문 ⑨—나는 아무리 돌아가는 사정이 힘들고 어려워도 푸념하거나 한탄하지는 않는다. 왜냐하면 나를 사랑하시는 하나님께서 내 사정을 다 알고 계시며, 사정을 다 아시는 그분이 입 싹 닦고 말 분이 아니시기 때문이다.

"너희 천부께서 이 모든 것이 너희에게 있어야 할 줄을 아시느니라" (마 6:32하).

3.3 말을 고치는 유일한 방안

우리는 앞에서 지금 내 인생의 모습은, 어느 정도는 내가 내뱉어낸 내 말의 결과일 수 있다는 것을 전제로 하고 나서, 그렇다면 신자로서 하나님 앞에 말을 조심하고 바른 말을 써야 하는데, 그 구체적 실천방안으로서 신자가 할말과 하지 말아야 할 말에 대해서 살펴보았습니다.

그런 다음, 우리는 말과 그것이 유래되는 근원지로서의 마음과의 상관관계를 검토해봄으로써, 하나님 앞에 신자로서 바른 말을 쓰기 위해서, 우리가 우리의 마음에 대해서 어떠한 신앙적인 조치들이 있어야 하겠는지에 대해서 알아보았습니다.

이제 이쯤에서 우리는 그 동안 우리가 하나님 앞에서 얼마나 허망하고 쓸데없는 말들을 해왔고, 별별 무익한 말을 해왔는지를 상기해야 합니다. 그렇습니다. 말은 정말 고치기가 어렵습니다. 오죽하면 야고보서 기자는 말은 고치기가 불가능하다고 한탄했겠습니까? 야고보서 3장 8절입니다.

"혀는 능히 길들일 사람이 없나니 쉬지 아니하는 악이요 죽이는 독이 가득한 것이라"

그러면 말을 고칠 수 있는 것이 무엇이냐? 앞에서 본 대로 오직 말씀만이, 즉 하나님만이 말을 고치실 수가 있습니다. 이제 이런 측면에서 신자로서 하나님이 기뻐하시는 말을 하기 위한 본질적인 방안 하나를 소개하려고 합니다. 시편139편 4절을 봅시다.

"여호와여 내 혀의 말을 알지 못하시는 것이 하나도 없으시니이다"(시 139:4).

말을 고치는 비결이 무엇이냐에 대해서, 위의 시편은, 그것은 하나님의 임재앞에서 살때만 가능한 일이라고 교훈 해주고 있습니다. 그러면 하나님의 임재앞에 산다는 것은 무엇이냐? 그것은 다른 말로 말하면 종말론적인 삶을 산다는 말입니다. 그게 무슨 말이냐?

그게 이런 말입니다. 오늘 우리가 살아서 며느리한테 험한 말을 해대고, 자식한테 남편한테 아내한테 사람들에게 별별 상처를 주는 말들을 다 하고 살고 있습니다만, 그러나 우리가 내일도 살아서, 그 며느리 그 자녀 그 남편 그 아내 그 사람을 볼 수 있다는 보장은 솔직히 없습니다. 바로 여기입니다. '오늘이 나의 마지막 날일 수 있다! 오늘이 하나님 앞에 나의 최후의 날일 수 있다!' —이런 생각을 갖는 것이 바로 종말론적인 삶을 사는 방안이고, 그것으로서만이 우리말을 고칠 수가 있는 것입니다. 잠언 27장 1절을 봅시다.

"너는 내일 일을 자랑하지 말라 하루 동안에도 무슨 일이 날는지 네가 알 수 없음이라"

무슨 말이냐 하면 '오늘이 너의 마지막 날일 지 모른다!' 는 말입니다. 이게 종말론적인 삶입니다. 자 보십시다. 자고로 사람이 뭐가 없어서 망하냐 하면 돈이 없어서 망하거나, 무슨 연줄이 없어서 망하는 것이 아니라, 자기가 언젠가는 죽는 존재라는 것을 몰라서 망하는 것입니다.

남이 죽어서 장례치르는 장례식을 숱하게 가면서도 자기는 언제까지나 항상 징례식에만 참석하는 사람이지, 자기도 장례식의 주인공이 될 수 있다는 생각은 죽어도 안하는 것!— 이러다가 사람이 망하는 것입니다. 그래서 호세아서는, 지식이 없어서 사람이 망한다고 한 것입니다.

"내 백성이 지식이 없으므로 망하는도다" (호 4:6).

여러분! 여러분이나 저나 오늘이 마지막날일 수 있습니다. 마지막 날이니까 장사도 다

때려치우고, 자식들 공부도 시키지 말고, 다 기도원에 가라!는 말이 아닙니다. 오늘 하루를 성실히 살라는 말입니다.

그러므로 여러분! 살아 있는 오늘 너의 며느리 자녀 남편 아내 그리고 만나는 사람에게 상처 주는 말, 무시하는 말, 깔보는 말 하던 것을 지금 그치십시오. 그것들은 다 악한 말이고 무익한 말입니다. 무익한 말은 다 나중에 책망을 받게 됩니다. 마태복음 12장 36절입니다.

"내가 너희에게 이르노니 사람이 무슨 무익한 말을 하든지 심판 날에 이에 대하여 심문을 받으리니"

저나 여러분이나 그 동안 며느리 자녀 남편 아내 만나는 사람에게 상처 주는 말 무시하는 말 깔보는 말 하던 것을, 이제는 그치고 대신 그들을 북돋우고 그들을 감싸는, 하나님께서 기뻐하시는 말을 하고 사는 일에 마음을 다하고 힘을 다하고 목숨을 다하십시다.

오늘 우리가 살아서 며느리한테 험한 말을 해대고, 자식한테 남편한테 아내한테 사람들에게 별별 상처를 주는 말들을 다 하고 살고 있습니다만, 그러나 우리가 내일도 살아서, 그 며느리 그 자녀 그 남편 그 아내 그 사람을 볼 수 있다는 보장이 없다는 생각을 가지고, 오늘 말을 조심하십시다. 그리고 많이 기도하십시다. 이게 말을 고치는 유일한 방안입니다.

지은이 / 유동준(Th.M., Ph.D.)

지은이는 1956년 생으로 연세대, 연세대대학원, 미국 미시간주 칼빈신학교, 미국 오하이오주립대학원에서 공부했으며, 이민교회인 충실장로교회를 담임해서 목회한 후, 현재는 미국 Presbyterian Theological Seminary 신약학 교수로 있으면서 이 학교와 다른 신학교에서 신약개론, 신학신학, 바울서신, 옥중서신등을 강의하고 있다.

지은 책으로는 「남편이 살아야 가정이 산다」「실직은 기회다」「말씀대로 살면 인생이 즐겁다」(이상 국민일보사)「서초동에서 천국까지」「설교자를 위한 언어학」「마지막 안녕이라고 말하는 것은 슬픕니다」「예배, 어떻게 드리고 계십니까」「하나님의 브레이크」「이런 부모가 자녀를 성공시킨다」「돈, 돈이란 무엇인가」「성경어휘의미론」「예수를 닮기 원하는 사람이 예수님께 배워야 할 성품들」「이혼, 꼭 하시렵니까」「보이지않는 당신의 내면세계를 정돈하라」(이상 쿰란출판사)「죄를 끊자」「야곱평전」「기도를 바로 알면 인생의 매듭이 바로 풀린다」「영어로 배우는 노아 이야기」(이상 최선의 삶) 등이 있으며, 성경의 가르침이 실생활과 어떻게 연결되는가 하는 점을 권면함으로 그리스도인들을 섬기는 사역을 평생의 업으로 삼고 있다.

사람을 바꾸는 말의 힘

지은이　유동준
펴낸이　김민영
펴낸날　2000. 11. 25　　8쇄발행　2010. 2. 8.
등록번호　제22-1453호
펴낸곳　도서출판 최선의 삶
　　　　137-070 서울시 서초구 서초동 1589-5
　　　　센츄리 오피스텔 1302호
전　화　587-4737
팩　스　587-4733
* 책값은 표지에 있습니다.
ISBN　89-88657-13-6
총　판　(주)기독교출판유통
전　화　(031)906-9191

E·Mail: Malipres@hitel.net
최선의 삶은 독자의 의견에 항상 귀기울이고 있습니다.